U0922094

珍藏本
纪念版

汉译世界学术名著丛书

自然的观念

〔英〕R.G.柯林武德 著

吴国盛 译

2017年·北京

R. G. Collingwood

THE IDEA OF NATURE

根据牛津克莱伦敦出版社 1945 年版译出

汉译世界学术名著丛书
（120 年纪念版·珍藏本）
出 版 说 明

2017 年 2 月 11 日，商务印书馆迎来 120 岁的生日。120 年前，商务印书馆前贤怀揣文化救国的理想，抱持“昌明教育，开启民智”的使命，立足本土，放眼寰宇，以出版为津梁，沟通中西，为中国、为世界提供最富智慧的思想文化成果。无论世事白云苍狗，潮流左右激荡，甚至战火硝烟弥漫，始终践行学术报国之志，无改初心。

逐译世界各国学术名著，即其一端。早在 20 世纪初年便出版《原富》《天演论》等影响至今的代表性著作，1950 年代后更致力于外国哲学和社会科学经典的译介，及至 1980 年代，辑为“汉译世界学术名著丛书”，汇涓为流，蔚为大观。丛书自 1981 年开始出版，历时三十余年，迄今已推出七百种，是我国现代出版史上规模最大、最为重要的学术翻译工程。

丛书所选之书，立场观点不囿于一派，学科领域不限于一门，皆为文明开启以来，各时代、各国家、各民族的思想与文化精粹，代表着人类已经到达过的精神境界。丛书系统译介世界学术经典，引领时代思想，为本土原创学术的发展提供丰富的文化滋养，为推动中国现代学术和现代化进程做出了突出的贡献。

为纪念商务印书馆成立120周年，我们整体推出“汉译世界学术名著丛书”120年纪念版的珍藏本，寄望既利于文化积累，又便于研读查考，同时向长期支持丛书出版的译者、编者和读者致以敬意。

两甲子后的今天，商务印书馆又站在了一个新的历史时间节点上。我们不仅要铭记先辈的身影和足迹，更须让我们的步伐充满新的时代精神。这是商务人代代相传的事业，更是与国家和民族的命运始终紧密相连的事业。我们责无旁贷，必须做好我们这代人的传承与创造，让我们的努力和成果不仅凝聚成民族文化的记忆，还能成为后来人可以接续的事业。唯此，才能不负前贤，无愧来者。

商务印书馆编辑部

2017年10月

目　　录

第二部分　文艺复兴的自然观

第三部分　现代自然观

编 者 前 言

1933年，当柯林武德的《论哲学方法》(*Essay on Philosophical Method*)正在付印出版时，他告诉一位朋友说，在提出了哲学方法的理论之后，他现在准备将它应用到一个从未解决过的问题即“自然哲学”中去。从1933年8月到1934年9月，他一直紧张地致力于这个题目，既研究自然科学史也研究思辨宇宙论的历史，并且精心建立一套他自己的宇宙论。正是那段时间的工作，构成了本书的主体。

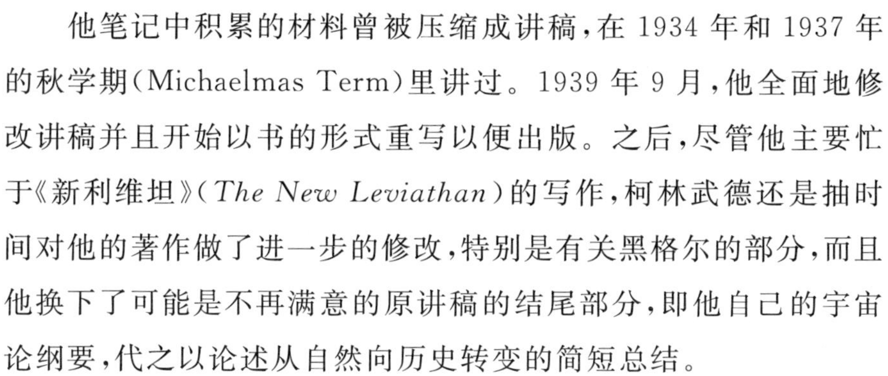

他笔记中积累的材料曾被压缩成讲稿，在1934年和1937年的秋学期(Michaelmas Term)里讲过。1939年9月，他全面地修改讲稿并且开始以书的形式重写以便出版。之后，尽管他主要忙于《新利维坦》(*The New Leviathan*)的写作，柯林武德还是抽时间对他的著作做了进一步的修改，特别是有关黑格尔的部分，而且他换下了可能是不再满意的原讲稿的结尾部分，即他自己的宇宙论纲要，代之以论述从自然向历史转变的简短总结。

他去世时，手稿为准备出版仅仅修改到第一部分的第一章。不过，剩余的部分并不需要什么校订：章节已经分好，讲稿的痕迹已经脱去，连细小的地方都改过了。柯林武德原来还想为毕达哥拉斯的段落以及也许还有其他地方提供更广泛的文献引证，但现在我们没有做此尝试。

编者向泰勒(F. Sherwood Taylor)先生、为第153页[①]作注的米尔恩(E. A. Milne)教授,以及提出许多有益建议的普赖斯(H. H. Price)教授表示感谢。

诺克斯(T. M. Knox)

1944年5月25日

① 指原书页码,中译本标注为边码。——译者注

导　论

一　科学与哲学 1

在欧洲思想史上，宇宙论思想有三个建设性时期。在这三个时期中，自然的观念成为思想的焦点，成为热烈和持久的被反思的主题，从而获得了新的特征，以之为基础的具体自然科学依次被赋予了新的面貌。

说自然科学的具体研究以自然的观念为基础，并非意味着自然的观念一般而言或总体来说，是从对自然事实的具体研究的抽象中首先产生的；也不是说，当完成这种抽象的自然观念后，人们便在此基础上树立具体自然科学的上层建筑。它所指的是一种逻辑关系而不是时间关系。这里，就像通常发生的，时间关系和逻辑关系刚好相反。在自然科学中，如同在经济学、伦理学或法学中一样，人们总是从细节开始。他们是从处理个别问题开始的。只有当细节累集到了相当数量时，人们才开始反思他们已经做的工作，并发现这些工作都是按照迄今一直未被意识到的原理，以一种有条理的方式进行的。

但是，细节工作对于所含原理之反思的时间超前性不能过分夸大。比如，认为自然科学或者其他思想或行为领域中的具体工作的时期，持续半个世纪或半个十年，接着才是思考作为其逻辑基础的原理的时期，这就是一种夸张。这种非哲学思维时期和随后的哲学时期的区分，也许就是黑格尔（Hegel）在《法哲学》（*Philosophie des Rechts*）前言结尾处那个著名的哀叹所要断言的："当哲学涂着它的灰色而成为灰色时，这种生命形式已经变老，灰色之为灰色无法让我们使它重新年轻，而只能认识它。密涅瓦的猫头鹰只是在黄昏到来之际才开始飞翔。"如果这就是黑格尔的意思，那
2 么，他犯了一个错误。马克思（Marx）在写"从前的哲学总是局限于解释世界，而问题在于改变世界"（《关于费尔巴哈的提纲》，*Theses on Feuerbach*，XI）时，仅仅是颠倒而未纠正这个错误。这种对哲学的抱怨是从黑格尔那里借来的，几乎连措词都相同。所不同的只是，被黑格尔声称是所有哲学的必然特征的东西，被马克思说成是直到他为止的哲学的缺陷，而他马克思对之进行了革命。

事实上，细节工作不管多长时间都常有反思的介入，而且这种反思反作用于细节工作。因为当人们开始意识到他们思想和行动所基于的原理时，他们也就意识到了某些他们在这些思想和行动中一直试着（尽管是无意识的）想做的事情了：那就是具体地展开这些原理的逻辑蕴含。对强健的心灵来说，这种新的意识给出了一种新的力量，那就是，更确信他们探讨细节问题的走向。对虚弱的心灵来说，它添加了一种新的诱惑，这种诱惑使人们倾向于忘掉被应用问题的个别特征，而只记住原理来卖弄学问。

对自然事实的细节研究通常称为自然科学，或简称为科学。对原理的反思，不论是关于自然科学的还是其他方面的思想或行为的，一般称为哲学。使用这些术语，并且暂时将哲学限定在对自

然科学原理的反思之上，我刚才讲的就可以表述成：自然科学按顺序必须先出来，才会有东西供哲学反思；但是，这两样东西联系得如此紧密，以至于没有哲学的开始，自然科学就不能走出多远；而且当科学家对一直工作于其上的原理有了新的意识，哲学通过进一步给予它出自这种意识的新的坚定性和一致性，而反作用于它由以生长出来的科学。

出于这个理由，把自然科学排他地指派给一个称为科学家的人群，而哲学指派给称为哲学家的人群就不合适了。一个从不对他的工作的原理进行反思的人，就还没有达到一个成熟的人对待它的态度；一个对他的科学从不进行哲学思考的科学家顶多也就是一个打下手的、只会模仿的、熟练工匠式的科学家。一个从未体验过某种经验的人不可能对之进行反思；一个从未从事过自然科学研究工作的哲学家，不可能对之进行哲学思考，除非他自我欺骗。 3

19 世纪之前，更多优秀和杰出的科学家，至少对他们的科学进行了某种程度的哲学思考，他们的著作可以作证。并且由于他们把自然科学看成他们的主要工作，因而有理由假定这些书面证据在确定他们哲学思考的程度时已经打了折扣。19 世纪时逐渐形成了一种风气，把自然科学家和哲学家分离成两个专业团体，相互之间对对方的工作知之甚少，并且缺乏同情。这是一种坏的风气，它已经损害了双方。双方都热切地渴望看到它的终结，在它已经造成的误解的鸿沟之上架起一座桥梁。桥梁必须从两头开始，而我，作为哲学专业中的一员，最好是能够通过哲学地思考我在自然科学方面的经验，来开始我这一头的架桥。由于不是一个专业科学家，我知道我有可能是在自我欺骗，但架桥工作必须进行下去。

二 希腊自然观

希腊自然科学建立在自然界浸透或充满着心灵(mind)这个原理之上。希腊思想家把自然中心灵的存在看作自然界中规则(regularity)或秩序(orderliness)的源泉,而规则或秩序的存在使自然的科学成为可能。他们把自然界看作是一个运动物体的世界。按照希腊人的观念,运动物体自身的运动是由于活力(vitality)或"灵魂"(soul)。但是他们相信,自身的运动是一回事,而秩序是另一回事。他们认为,心灵在它所有的显示(无论是人类事务还是别的)中,都是一个统治者,一个支配或控制的因素。它把秩序先加于自身,再加于从属于它的所有事物;首先是自身的躯体,其次是躯体的环境。

由于自然界不仅是一个运动不息从而充满活力的世界,而且是有秩序和有规则运动的世界,他们因此就说,自然界不仅是活的而且是有理智的(intelligent);不仅是一个自身有"灵魂"或生命的巨大动物,而且是一个自身有"心灵"的理性动物。他们辩解说,居住在地球表面及其邻近区域的被创造者的生命和理智,代表了这
4 种渗透一切的活力和理性的一个特定化、局域化的组织。这样,按照他们的观念,一个植物或动物,如同它们在物料上分有世界"躯体"的物理组织那样,也依它们自身的等级,在灵性上(psychical)分有世界"灵魂"的生命历程,在理智上分有世界"心灵"的活动。

植物和动物在物理上与地球相类似的信念,是我们同希腊人所共有的,但灵性和理智上相类似的观点,则对我们是陌生的,这使我们理解我们在希腊文献中所发现的希腊自然科学的遗迹时出现困难。

三　文艺复兴的自然观

本章开头提到的三次宇宙论运动的第二次，发生在16世纪和17世纪。我打算把它的自然观命名为“文艺复兴的”宇宙论。这个名称不是一个好名字，因为“文艺复兴”这个词常用于思想史上一个较早的时期。这个时期发端于14世纪的意大利人文主义，在同一国家，持续到同一世纪以及15世纪的柏拉图(Plato)和亚里士多德(Aristotle)的宇宙论。我现在要描述的宇宙论从原则上是反对这些的，也许更恰当地应称作“后文艺复兴的”，但这是一个很笨拙的术语。

艺术史家们近来对我所关心的这个时期的某些部分，使用形容词“巴洛克”(Baroque)，但它是一个从形式逻辑的专业术语中借来的词，作为对某些流行于17世纪的低劣趣味表示蔑视的术语。但若用来对伽利略(Galileo)、笛卡尔(Descartes)和牛顿(Newton)的自然科学做描述性称呼，那可“太巴洛克(奇异怪诞)了”(bien Baroque)。[①] “哥特式”这个词用于中世纪的建筑时，成功地放弃

---

① Saint-Simon, *apud* Littré，见于克罗齐(Croce)：《意大利巴洛克时代史》(*Storia della Età Barocca in Italia*, Bari, 1928)第22页。比较《百科全书》(*Encyclopédie*)：“巴洛克思想本身就是对矫揉造作的奢华的绝妙嘲讽。”还有弗朗西斯科·米利齐亚的《美术装饰辞典》(Francesco Milizia, *Dizionario delle belle arti del disegno*, 1797)：“巴洛克离奇古怪，其奢华的程度荒谬可笑”。均引自克罗齐前书第23页。

了它的本来意义而成为仅仅描述某种风格的一个术语。但是我
5 想，没有人会打算称阿奎那（Aquinas）或司各特（Duns Scotus）的
著作为“哥特式哲学”。并且就是在建筑学上，这个术语也正在消失。所以，在按我的意思作了定义，并且为偏离既定用法作了辩解之后，我将使用“文艺复兴的”这个术语。

文艺复兴的自然观是在哥白尼（Corpernicus，1473—1543）、特勒西奥（Telesio，1508—1588）和布鲁诺（Bruno，1548—1600）的工作中，开始与希腊自然观形成对立面的。这个反题的中心论点是：不承认自然界即被物理科学所研究的世界是一个有机体，并且断言它既没有理智也没有生命。因此，它没有能力以理性的方式操纵它自身的运动，并且它根本就不可能自我运动。它所表现出来的运动以及物理学家所研究的运动，都是外界施与的，它们的规律性应归属于同样是外加的“自然定律”。自然界不再是一个有机体，而是一架机器：一架按字面意义和严格意义上的机器，一个被在它之外的理智心灵，为着一个明确的目的设计出来、并组装在一起的躯体各部分的排列。文艺复兴的思想家们像希腊思想家一样，把自然界的秩序看作理智的一个表现，只不过对希腊思想家来说，这个理智就是自然本身的理智，而对文艺复兴思想家来讲，它是自然之外的某种东西——神性创造者和自然的统治者——的理智。这个区别是希腊和文艺复兴自然科学之间一切主要差异的关键。

每一次这样的宇宙论运动都跟着一次兴趣焦点由自然向心灵转变的运动。在希腊思想史上，这个转变发生在苏格拉底。尽管先前的思想家并未忽视伦理学、政治学甚至逻辑学和知识论，他们

还是集中主要精力思考自然的理论。苏格拉底颠倒了这个重点，而集中思想于伦理学和逻辑学，而且自他之后，虽然不能说自然的理论被完全遗忘了，甚至柏拉图在这个主题上也作了比一般所意识到的多得多的工作，但心灵的理论处于支配地位，自然的理论退居其次。

希腊的心灵理论在苏格拉底和他的后继者那里，与在自然理论中已经取得的结论密切相关，并以之为条件。被苏格拉底、柏拉图和亚里士多德所研究的心灵，始终首先是自然中的心灵，是身体 6
中的并且属于身体的心灵，是通过对身体的操控而显示自己的心灵。当这些哲学家发现他们不得不承认心灵是超越于身体的时候，他们表述这一发现的方式明白无误地显示了，他们对此是何等的矛盾、离他们习惯的或（就像我们常说的）“本能的”思想方式是何等的遥远。在柏拉图的对话里，当苏格拉底得出结论说，理性灵魂或心灵独立于躯体而运作时，他总是一次又一次预感会遭到怀疑和误解：不是在他讨论知识论，在他把欲望和感觉这些躯体化的心灵，同由完全独立自足、不依任何躯体帮助的理性灵魂所导致的对形式（form）的纯粹理智的理解作比较的时候，就是在他阐发不朽学说，在他断言理性灵魂享有永恒的生命，不受从属于它的身体的诞生和死亡影响的时候。

同样的情况可以在亚里士多德那里找到。他认为这是不言而喻的，即“灵魂”应被定义成一个有机物体的隐德来希（entelechy），也就是一个有机体自我保有的运动。但当他说到理智（intellect）或理性（reason，νοῦς），虽然在某种意义上也是“灵魂”的一部分，但不具有任何身体器官，也不像感觉那样被特有的对象所作用（《论灵魂》(*De Anima*)429^{a}15 以下),因而它除了它的思维活动外什么也不是(同上 21—22),并且与身体“可分离”(同上 429^{b}5)的时候,却又像在阐发一个神秘和艰深的理论。所有这些,显示了从前苏格拉底物理学的一般知识中我们可以预料的东西:希腊思想家一般都承认心灵根本上属于身体,与身体一起生存在一个紧密的联盟中,而当他们必须找理由把这个联盟设想成分离的、偶然的或不稳定的时候,他们便感困惑,不知道这是如何可能的。

在文艺复兴的思想里,这种情况正好倒过来了。对笛卡尔来说,身体是一种实体而心灵则是另一种,按照各自的规律相互独立地工作。正像希腊思想中关于心灵的基本公理是它在身体中的内在性(immanence),笛卡尔的基本公理是它的超越性(transcend-
7 ence)。笛卡尔清楚地知道,超越性不应该被推到二元论的地步,两个东西必须以某种方式相联结。但是在宇宙论上,除开上帝他不可能找到任何联系,而对于个体的人,他则被迫铤而走险地做了一个权宜之计——活该被斯宾诺莎(Spinoza)嘲笑——找到了松果腺。他想松果腺一定是身体和灵魂之间的联结器官,因为作为一个解剖学家,他再也找不出它的其他功能。

就是斯宾诺莎和他所坚持的实体统一性,情况也并不更好。思维和广延在他的哲学中是这一统一实体的两种绝然不同的属性,作为属性,二者是完全超出对方的。因此,当18世纪哲学思想的引力中心在自然的理论和心灵的理论之间摆动时——在这里贝克莱(Berkeley)作为临界点就像苏格拉底之于希腊,自然的问题不可避免地以这种形式出现:心灵如何能够同某些与自己完全相异的东西，即那根本上是机械的和非精神的东西，也就是自然，相联结？这个关于自然的问题，说到底也是唯一困扰着贝克莱、休谟(Hume)、康德(Kant)和黑格尔这些伟大的心灵哲学家的问题。所有情况下，他们的答案说到底都是相同的，也就是：心灵创造自然，或者说，自然是心灵自主和独立活动的副产品。

我将在以后更加充分地讨论这种唯心主义的自然观，我希望在这一点上澄清的全部乃是，这种自然观决没有意味着如下两点：首先，它绝没有意味着自然本身是精神的，由心灵的材料做成，相反，它是从自然绝对是非精神的或机械的这个假定出发的，并且从不背弃这个假定，而总是坚持自然根本上是异于心灵的，是心灵的他物或对立物；其次，它绝没有意味着自然是心灵的一种错觉或梦幻，一种不存在的东西，相反，它总是坚持说自然确实是它看上去的那个样子：它是心灵的作品，不以自身的权利而存在，但确实是一个被造出来了的作品，正因为确实被造出来了，所以它确实存在。

对这两种错误的警告是必要的，因为它们已经一再地在现代书籍中被作为真理讲授。那些书的作者是那样地着迷于 20 世纪
的观念，他们简直就没法理解 18 世纪的东西。某种意义上讲，他 8
们也不因此更糟糕，因为人们本应该离开他们曾祖父的思想，这也是某种进步。但让人们觉得有资格对他不再理解的观念作历史的陈述，那就不是进步了。他们冒险地去作这样的陈述，说什么对黑格尔，“物质特性是某种精神特性虚妄的表象”(C. D. Broad, *The Mind and its Place in Nature*, 1928, p. 624)，或者说什么照贝克莱的意思，“绿的经验完全不能同绿区别开”(G. E. Moore, *Philo-*

sophical Studies,1922,p. 14,贝克莱的名字虽没提到,但似乎是指他)。这时,对他们个人成就和学术地位的尊敬,决不能导致读者无视这样的事实:他们对他们还没有搞懂的东西发表了不正确的陈述。

自然作为有理智的有机体这种希腊观念基于一个类比之上:即自然界同人类个体之间的类比。个体首先发现了自己作为个体的某些特征,于是接着推想自然也具有类似的特征。通过他自己的内省(self-consciousness)工作,他开始认为他自己是一个各部分都恒常地和谐运动的身体。为了保持整体的活力,这些运动微妙地相互调节。与此同时,他还发现自己是一个按照自己的意愿操纵这具身体之运动的心灵。于是,作为整体的自然界就被解释成按这种小宇宙(microcosm)类推的大宇宙(macrocosm)。

文艺复兴的机械自然观从其根源上也是类比的,但它以相当不同种类的观念为先决条件。首先,它基于基督教的创世和全能上帝的观念。其次,它基于人类设计和构造机械的经验。除了很小的范围外,希腊人和罗马人都不是机械的使用者:他们的石弩和水钟不是他们生活中足够显著的特征,不足以影响到他们对自己与世界的关系的构想方式。但 16 世纪时工业革命正在上路。印
9 刷机和风车,杠杆,水泵和滑轮,钟表与独轮车,以及在矿工和工程师中使用的大量机械,构成了日常生活的特征。每一个人都懂得机械的本质,制造和使用这类东西的经验已经开始成为欧洲人一般意识中的一部分。导向如下命题就很容易了:上帝之于自然,就如同钟表制造者或水车设计者之于钟表或水车。

四　现代自然观

现代自然观某些地方要归功于希腊宇宙论和文艺复兴的宇宙论，但又从根本上区别于它们。准确细致地描述这种差别是困难的，因为[现代宇宙论]运动还很年轻，还没有足够的时间使它的观念成熟到可以系统陈述的地步。我们面对的与其说是一个新宇宙论倒不如说是一大批新的宇宙论尝试。如果从文艺复兴的观点来看，它们都非常令人惶惑不安，都在某种程度上受我们可以识别的一个单一的精神所激励，但定义这种精神又极为困难。当然，我们可以描述它以之为基础的那种经验，从而指出这次运动的出发点。

现代宇宙论，就像被它取代的那些宇宙论一样，也基于一种类比。其新颖之处就在于类比是新的。如同希腊自然科学是基于大宇宙的自然和小宇宙的人——人通过他的自我意识向自己所揭示的样子——的类比，如同文艺复兴的自然科学是基于作为上帝手工制品的自然和作为人的手工制品的机械的类比（同一个**类比**在18世纪就已成为约瑟夫·巴特勒（Joseph Butler）名作的先决条件[①]），现代自然观也同样，基于自然科学家所研究的自然界的过程和历史学家所研究的人类事务的兴衰变迁这两者之间的类比。直到18世纪末它才开始找到了表述，自此之后直到今日，它一直在积蓄份量，使自己变得更为可靠。

---

① "这一方法……显然是决定性的……我的计划是应用它……证明自然有一个理智的创作者"（着重号为我所加），前引文献之导论，第10段（Oxford ed.，1897，p. 10）。

与文艺复兴的类比相似，这个类比也只有在某些条件完全具备时才可能进行。正如我已经指出的，文艺复兴的宇宙论形成于
10 对制造和操作机械的广泛的熟悉之中。16 世纪正是这种熟悉得以实现的时候。现代宇宙论只能产生于对历史研究的熟悉，尤其是熟悉那些置过程、变化和发展概念于它们的图像中心，并且把它作为历史思考的基本范畴的历史研究。这种类型的历史第一次出现在 18 世纪中叶。[①] 伯利第一次在托各特（Turgot, *Discours sur l'histoire universelle*, 1750）和伏尔泰（Voltaire, *Le Sièclede Louis XIV*, 1751）中发现了它。在《百科全书》（*Encyclopédie*, 1751—1765）中这种观念得到了发展，自此成为一种平常的见解。又经过接下来半个世纪向自然科学术语的转换，"进步"的观念——比如在伊拉斯谟·达尔文（Erasmus Darwin）的《动物规律》（*Zoonomia*, 1794—1798）和拉马克（Lamarck）的《动物哲学》（*Philosophie zoologique*, 1809）中——变成了在再下半个世纪开始著名的"进化"观念。

就其最狭义的理解，"进化"意味着特别与查理·达尔文（Charles Darwin）的名字相联系的学说，尽管不是由他首先阐述的。这个学说认为，生物物种不是固定不变的永久种类的仓库，而是在时间中诞生和消亡。但这个学说仅仅是如下倾向的一种表述而已，这种倾向可能在更广泛的领域里起作用而且确实已经起作用了：这种倾向通过主张迄今被认为是不变的东西本身实际上从属于变化，来消除自然界中变与不变因素之间非常古老的二元论。

① J. B. Bury, *The Idea of Progress*, 1924, ch. VII.

当这种倾向未经抑制地发展，以及自然中不变元素的概念被彻底清除时，[就出现了]也许可称为“激进的进化论”的结果：一种在20世纪前很难达到成熟而第一次由柏格森(Bergson)系统阐述的理论。

这种倾向的根源——可以追溯到柏格森之前一百多年里自然科学许多领域的工作中——必须到18世纪晚期的历史主义运动，以及19世纪同一运动的进一步发展中寻找。

进化的概念，正如见证过达尔文在生物学领域里具体应用它
的人们所知道的，标志着人类思想史上一个头等重要的转折点。11
但是最早对这一概念做哲学说明的尝试，著名的如赫伯特·斯宾塞的说明，是不成熟和不确定的。它们该当惹起的那些批评，与其说导致了对概念自身的进一步探究，还不如说使人们相信这样的探究是不值得做的。

这里讨论的问题是一个非常深远的问题：在什么条件下知识是可能的？对希腊人来说已成为公理的是，除非是不变的，否则没有东西是可知的。同样，对希腊人来说，自然界又是一个连续的和充满着变化的世界。这看起来会得出结论说，一门关于自然的科学是不可能的。但是文艺复兴的宇宙论通过一个“*distingue*”(区别)而避免了这个结论。作为向我们的感觉所显现出来的自然界，被承认是不可知的，但是，在这个被称作“第二性质”的世界的背后，潜存着其他东西，那才是自然科学的真正对象——可知，因为不变。首先，存在着本身并不受制于变化的“实体”(substance)或“物质”(matter)，它们变化着的排列和配置，就是向我们的感觉显现出第二性质的那些实在。其次，这些排列和配置的变化是有“规

律”的。物质和自然定律这两件事情，便是自然科学的不变化的对象。

被认为是可感觉的自然界中诸种变化的基底(Substrate)的“物质”，与这些变化的发生所遵循的“规律”之间是什么关系呢？在对这个问题未进行充分的讨论之前，我将冒昧地假定它们说的是同一件事。主张它们二者的任何一个，都源于一种假想的需要，即需要一个不变化的、从而按照由来已久的公理是可知的东西。这种东西隐藏在变化不定从而不可知的自然表象——正如我们通过感官所感知的——背后。

这种不变的东西被同时从两个方面去寻找，或(如果你愿意的话)同时用两种词汇去描述。第一种寻找的方式是，剥去我们所感知到的自然中明显的可变性，留下一个自然界样式的残留物，由于消除了变化，这个残留物现在终于是可知的。第二种方式是，通过
12 观察可变东西之间的不变关系来寻找。换言之，你可以说，那些不变的东西首先是用“唯物主义”的词汇，如同早期爱奥尼亚学派那样，其次是用“唯心主义”的词汇，如同毕达哥拉斯学派那样，加以描述的。这里，“唯物主义”指的是这样的尝试，即通过问事物由什么组成来理解它们，而“唯心主义”的尝试则是，通过问“A 由 B 组成”是什么意思来理解事物：也就是问，它已被赋予了什么“形式”从而能将它与构成它的东西相区别。

如果所需要的“不变的东西”能通过这些寻求中的一个找到，或用这些词汇中的一种表述出来，那么另一个就变得不必要了。所以，在 17 世纪和平共处的“唯物主义”和“唯心主义”，在 18 世纪就逐渐暴露出它们是对手。对斯宾诺莎来说似乎很清楚，自然对

人类理智所展示的是两种“属性”(attribute):“广延”和“思维”。这里的“广延”指的不是如天空、树木、草地等等可视颜色片断的可视广延,而是可理解的几何学上的“广延”,笛卡尔把它等同于“物质”;这里的“思维”也不是指思想(thinking)的精神活动,而是作为自然科学家之思考对象的“自然定律”。斯宾诺莎主张,自然的实在性,可替换地用这两种“属性”中的一种来表述;换句话说,斯宾诺莎同时是“唯物主义者”和“唯心主义者”。但当洛克(Locke)主张“没有关于实体的科学”时,他是抛弃了对以下问题的“唯物主义”回答,而宣布了“唯心主义”回答的充分性。这个问题就是:我们如何在我们所感知的自然的流变里,找到它其中的、或背后的、或在某种程度上从属于它的,不变从而可知的某种东西?在现代的或进化论的自然科学中不再出现这个问题,作为对这个问题的两种回答的“唯物主义”和“唯心主义”之间的论争,也不再有任何意义。

这种对立变得无意义,是因为它的前提在 19 世纪初经历了一
个革命性的变化。从那时以来,历史学家已经训练自己去思考、而
且也发现他们有能力科学地思考,那永恒变动着的人类事务世界。
在这里,变化的背后并没有不变化的基底,也没有变化的发生所遵
从的不变化的规律。现在,历史已经把自己造就成了科学。这是 13
一项立论严格并富于论证的渐进的探究。实验已经证明,有关永
恒变化着的客体的科学知识是可能的。人的自我意识——在现在
这种情形中是人类全体的自我意识,即他自己的群体活动的历史
意识——再一次为他关于自然的思想提供了一条线索。变化或过
程这些科学地可知的历史概念,在进化的名义下被应用于自然界。

五　这种自然观的结果

这种新的自然概念，即基于同历史相类比的进化概念，具有某些从它所基于的核心观念中必然导出的特征。指出它们中的一些也许是有用的。

1. 变化不再是循环的，而是前进的

我将指出的第一点是，在自然科学家的心目中，变化拥有了一个新的特征。希腊的、文艺复兴的和现代的思想家们都一致认为，自然界中的一切事物，正像我们感知到的，都处在持续不断的变化状态。但希腊思想家们认为，这些自然的变化归根结底是循环的。他们认为，由状态 α 向状态 β 的变化，总是某个过程的一部分，这个过程通过由状态 β 向状态 α 的复归而得以完成。但他们发现自己不得不承认存在着并非循环的变化——不允许有这样的复归，比如动物或植物有机体由年轻向年老的变化——这时候，他们就设想它是变化的一个残缺不全的片断，如果它完成了的话就会是循环的。由于没有在它们的变化中展示出一切理想变化都应显示的循环格式，出现这种情况的无论是动物或植物还是其他的东西，都被他们据此理由看作是不完善的。或者换一种方式，一个非循环的变化，有可能经常被认为并非自身未完成，而是未被完全认识。就像在循环变化的情况下，因为某些原因我们只能感知周期
14 的一部分。把变化从根本上，或者在变化能够实现并展示其固有的本性时，设想为不是前进（在这里，“前进”我指的是总是带来某

些新东西的那种变化,但并不一定含有改善的意思)而是循环的这种倾向,是贯穿整个希腊思想史的特征。我只援引一个显著的例子:有一个理论萦绕在由伊奥尼亚学派到亚里士多德的希腊宇宙论之中,那就是,世界—机体的总体运动——自然界的所有其他运动都得自于它——是一个匀速的圆周运动。

现代思想颠倒了事情的这种状态。在由历史不会自我重复的原理所导出的进步或发展的概念的支配下,自然界被看成是其中无物重复的第二个世界,被看成是因着新事物的持续涌现而像历史那样有着进步特征的第二个世界。变化从根本上说是前进的。表现为循环的变化并不是真正的循环。用如下两种方式之一总可以把循环的变化解释成只是现象,而本质上是前进的:主观上可以讲,被认为同一的东西只不过是相似而已;客观上可以讲(隐喻地说),被认为是转动或圆周运动的东西,事实上是螺旋式的运动,其半径持续变化,或者圆心持续移动位置,或者两者都变。

2. 自然不再是机械的

把进化观念引入自然科学的一个否定的结果是,抛弃了机械的自然概念。

把同一件事情在同一时间描述成既是机械的又是发展的或进化的,这是不可能的。有些发展着的东西可以自己造出机器,但它不可能就是机械。因而在进化论中,自然中可能有机械,但自然本身不可能是一个机械,既不可能用机械的术语来描述它的整体,也不可能用机械的术语来完全地描述它的任何一个部分。

一部机器本质上是一个完成了的产品或者一个封闭的系统。

在被完成之前，它不是一部机器。在它被制造的时候，它也不具有一部机器的功能。在完成之前它不可能工作，所以它绝不可能发展，因为“发展”指的就是一个东西致力于成为它还不是的东西（例如一只小猫致力于长成一只大猫），而一部机器在未完成状态干不了任何事情。一部机器以其功能对自己产生的唯一变化是损坏或磨损。但这不属于发展的情形，因为它不是获得任何一种新功能，仅仅是老功能的丧失。因此，一艘正常发动着的汽船不仅可以做一艘已损坏的汽船所能做的一切，还能做此外的其他事情。一部机器可以在它所运作的东西中带来一种发展，比如谷物装卸机堆出一堆谷子。但如果机器继续工作，这种发展在下一个阶段就必须被取消（比如谷堆必须被清除走），因此多阶段的循环取代了发展。

3. 再次引入目的论

这种否定结果的一个肯定的必然推论，是将被机械自然观排除了的一个观念即目的论的观念，再次引入自然科学。如果自然界是一部机器或机器的组合，那么其中发生的任何事情就是由“动力因”（efficient causes）所引起，而这里的“动力因”不是亚里士多德意义上的亚里士多德术语，而是机械论意义上的，用来表示碰撞、吸引、排斥，等等。仅仅当我们讨论机器和它的制造者的关系时，“终极因”（final causes）才开始出现。如果自然被看成一架机器，那么目的论或终极因以及伴随着的“奋争”（nisus）观念，或者自然某部分中的“努力”的观念，或者自然中致力于实现某种尚不存在的东西的某种东西，都必须统统排除在自然科学之外。它恰当的运用是在心灵领域。将其运用于自然,是混淆了这两类根本不同事物的特征。

通过主张——就像斯宾诺莎的确主张过的——自然中的所有事物都有一种把自己保持在自身的存在之中的努力(“每一自在的事物莫不努力保持其存在”,《伦理学》(*Ethics*)第三部分命题六),目的论在机械论自然科学中的这种被否定,也许受到了一个比实际上更表面化的限制。这只是一种准目的论(quasi-teleology),因为斯宾诺莎所写的自然倾向(conatus),还不是直接地去实现那尚不存在的什么事物。在看起来像是断言“努力”的实在性和普遍性的词语形式之下,“努力”的真正本质事实上被否定了。

对于进化的自然科学而言,自然中任何事物的“存在”(esse)就是它的“流变”(fieri)。这种科学肯定因此要取代斯宾诺莎的命题,而主张自然中的所有事物都试图保持在其自身的演变中:继续 16
它已经置身于其中的发展过程,只要它存在着。这与斯宾诺莎想说的东西是矛盾的。因为在斯宾诺莎那里,一个事物的“存在”指的是它的现在所是,而一个事物置身于一个发展过程,是置身于不断地中止成为它现在的所是,比如,一只小猫变成它现在所不是的大猫。

4. 实体消解为功能

事物的“存在”即是它的“流变”,这个原理要求在自然科学词汇方面有一个相当广泛的变革。诸如描述物质或结构的所有单词和词组,应该被换成描述功能的单词和词组。一门机械论的自然科学已经拥有不少表述功能的词汇,但它总是会伴随着另一类表述结构的词汇。在任何机械中，结构是一回事，功能是另一回事，因为一架机器必须在能够发动之前被构造出来。

为了造一个轴承，你挑了一块有一定硬度的钢，在它能具有轴承的功能之前你把它做成某种形状。它的尺寸、形状、重量和硬度等结构特性，并不依赖于它在这种特殊机械中还是在任何其他机械中、作为轴承还是作为别的什么部件起作用。无论它所属的机器是处在运动还是静止中，它们都一样。进一步说，属于一个给定机器的给定部分的这些结构特性，就是它的功能特性的基础和先决条件。除非这块钢具有合适的形状、硬度，等等，它将不会被当作轴承使用。

如果自然是一架机器，那么，它们各部分的各种运动就是这样一些事物的运动，这些事物有着独立于这些运动的它自身的结构特征，并且成为这些运动必不可少的前提。总结如下：在机械中，以及在自然中（如果自然是机械的话），结构和功能是相区别的，结构是功能的先决条件。

在历史学家所知道的人类事务世界中没有这些区别，更没有这些先决次序。结构可以消解为功能。历史学家谈论封建社会的结构，或者资本主义工业的结构，或者希腊城邦的结构，没有任何害处，但没有害处的原因是因为他们知道这些被称为结构的东西，
17 实际上是非常复杂的功能，是人类行为方式的诸种类型。比如当我们说不列颠宪法存在时，我们的意思是指某些人有着某种类型的行为方式。

在进化的自然观之上逻辑的构造出来的自然科学，将追随历史的范例，将它所关涉的结构分解为功能。自然将被理解为由过

程组成，自然中任何特殊类型的事物的存在，都被理解成一个特殊类型的过程正在进行。钢的硬度，正像现代物理学家事实上所理解的那样，不是钢的结构特性的名字——它独立于钢的特殊的行为方式，并且钢的特殊的行为方式以它为前提——而是它的行为方式的名称：比如，是它的组成粒子快速运动的名称——凭着粒子猛烈的撞击，物体才被带入与钢的所谓“接触”之中，也就是处在碰撞的范围之内。

5. 最小空间和最小时间

这种由结构向功能的消解，对自然科学的细节带来了重要的后果。由于任何种类的自然实体概念都被消解为某种自然功能的概念；并且由于这些功能仍然被自然科学家以一种自希腊思想的开端以来惯有的方式，看作是运动；也由于任何运动都占有空间和耗费时间，这就导致了如下结论：按照进化的自然科学的理论，任一给定种类的自然实体，都只可能在适当长的时间和适当数量的空间中存在。让我们分开来讨论这两个限制条件。

(1)最小空间原理

一门进化的自然科学将主张，一个给定种类的自然实体只有在适当数量的空间中才能存在。它不是无限可分的。它有一个最小的可能量，如果这个量再分下去，其部分便不是这种实体的样本了。

这个由约翰·道尔顿(John Dalton)早在19世纪提出的理论，现在已被普遍地接受了。它被称作原子论。但它区别于希腊原子论者的理论，就像区别于阿那克萨哥拉(Anaxagoras)的种子
论(homoeomerism)一样。阿那克萨哥拉主张特定的自然实体是 18

由与它们自身同质的微粒所组成，而类似这样的观念都明显地与道尔顿的化学相矛盾。比如按道尔顿的理论，水是由氢和氧两种气体组成，而不是由水组成。我们从伊壁鸠鲁(Epicurus)和卢克莱修(Lucretius)那里所了解的德谟克利特(Democritus)的原子论，同道尔顿原子论的区别也是非常深刻的。希腊的原子是未分化物质的不可分微粒，而道尔顿的原子(直至卢瑟福[Rutherford]开始分裂它为止)则是这种或那种物质——比如氢气或者碳或者铅——的不可分微粒。

道尔顿把自然实体分成两个等级：由“分子”组成的如水，由原子组成的如氢气。在每一种情形中，微粒(分子或原子)都是这种实体能够存在的最小单位，但不是因为同一理由[成为最小单位]。水分子作为水的最小可能量是因为，它能被分出的仅有的部分不是水，而是氢和氧。氧原子作为氧的最小可能量，不是因为它可被分出非氧的部分，而是因为它不能再分。

这个物理上不可分的“原子”概念并不是新的。它是古希腊物理学中已成化石的遗迹，一个在19世纪进化科学的时过境迁的环境中幸存下来的不合时宜的东西。道尔顿主义中富有创造力的部分，不是“原子”的概念而是“分子”的概念：不是阿那克萨哥拉式的粒子与其构成物同质的观念，而是彻底的现代观念，即具有自己确定特性的粒子可以构成一个相当不同特性的物体。这个观念在希腊人那里是找不到的。恩培多克勒(Empedocles)的“四原素”理论也绝不是它的先驱，因为按照这个理论，元素土、气、火和水在它们的混合形式中依然保持它们的性质，从而这个混合物按照它们各自的特性，部分地是土性，部分地是气性，等等。

实际上，道尔顿的“原子”并没有活过19世纪。在这个世纪过去之前，J.J.汤姆逊（J.J.Thomson）和其他人消除了道尔顿“原 19
子”和“分子”的二元论，使原子理论同分子理论一致起来。这是通过如下的主张来完成的：正像水“分子”是由那些分开后便不是水而是别的东西（即氧和氢）的东西所组成，氧“原子”也是由那些分开后便不是氧而是别的东西（即电子）的东西所组成。

（2）最小时间原理

一门进化的自然科学将主张，一个自然实体为了存在需占据时间。不同种类的实体拥有各自特定的适当的时间量。每个特定的实体都有它能够在其间存在的特定时间间隔，在更短的时间间隔内它便不能存在。因为当我们说到某特定的实体时我们的意思就是出现了某特定的功能或过程，而这个特定的功能或过程不可能在再短的时间内出现。

如果以上的假定是正确的，即进化的自然科学是基于同历史科学的类比，并且如果历史是对人类事务的研究，那么，人类事务就应当向我们显示这个原理方面的类似现象，就像它们在如下的事实中向我们显示最小空间原理方面的类似现象一样：一个给定模式的人类活动包含了某种最少的人数——制造口角需要两人，妒忌需要三人，四人或五人构成文明社会（如果柏拉图是对的话，《理想国》[*Republic*]369D），等等。而且，人类事务在最小时间原理方面的这些类似现象，应当在该原理开始对自然科学家的工作产生影响之前很久，就已成为老生常谈。

实际情况也正是如此。一个典型而著名的例子是亚里士多德指出过的（《尼各马可伦理学》[*Eth. Nic.*]1098a18），幸福是一种需要整个人生的活动，不可能在更短的时间里存在。同样，还有众所周知的作为一个战略家或政治家或作曲家的活动。也许没有谁能确切地给出它们需要多久方能存在，但也许可以假定，成为一个战略家至少需要一次战役的时间，政治家至少需要制定和颁布一项法规的时间，作曲家至少需要创作一部音乐作品的时间。设 t 表示完成这些活动的任一项所花的时间，那么，这种活动的发生只有在承认另一些活动的发生时才是可能的：这另一些活动占据比 t 少的时间，在不严格的意义上可以称为构成这种活动的“部分”。假如说一个人用一年时间写了一本书，在这一年的某一分钟里他写了一句，那么在这种的意义上，该书的写作是整体，每句的写作是它的一个部分。这些“部分”同其他部分、同“整体”都不同种。每一句都是一个特殊问题的解决，带着自身的特异性，而作为整体的书，解决的问题与它们中的任何一个都不同。

在别处，亚里士多德接近于把这个观点应用于自然中的事物。他指出（《尼各马可伦理学》1174^{a}20 以下）：“运动”由相互之间非同质、与它们所构成的整体也不同质的诸部分组成。他给出了建庙和步行作为例子。他分析了前一个例子，我将给出对后者的分析。设一个人一小时步行三英里，每两秒钟内迈三步，在任一给定的百分之一秒中，他不能被恰当地说成是正在步行，因为步行是由每只脚交替站着而另一只脚抬起向前所造成的位置移动。他正站在一只脚上，将另一只脚抬离地面，或者让它向前运动，或者用在它后面的他的重量把它放下来，或者站在一只脚的脚尖和另一脚的脚跟上，等等。这被称作步行的合拍动作究竟需要多久才能完成自身，可能是一个非常困难甚或不可能确切回答的问题，但很清楚，百分之一秒是不够的。

亚里士多德在这里对“运动”一词的使用，使人想起埃利亚的芝诺(Zeno the Eleatic)的著名论辩。芝诺说，在任一给定的时刻，飞矢不在运动中；它是静止的，占据的空间与它所位处的它自身是相等的；所以，如果时间正是诸时刻之和，那么飞矢就是不动的。在已经提到的段落中，亚里士多德指出，一种确定种类的运动的产生需要一个确定的时间间隔。这就使读者有可能回答芝诺的问题——如果愿意的话可以说：“我不知道究竟需要多长时间让飞矢成为运动着的，但某些时间间隔总是需要的。让一个瞬间定义成
比这个间隔还短的间隔，然后，说在一个给定瞬间飞矢是静止的并 21
且时间是由瞬间所组成，与说在一个较长的时间段里飞矢是运动的，之间就不包含任何矛盾了。”

亚里士多德没有这么说，也没有任何证据表明他想提出这个说法。他所说的全部只是：某个确定种类的运动是由并非这个种类的运动所组成。这些运动是由那些不是运动的部分所组成这种说法，他无疑会否定。我已经说过，他让他的读者去自由做出的对芝诺的回答，仅当它被这样一个物理理论所实现时才是一个好的回答：按照这个物理理论，飞矢甚至“在静止中”也被看成是一个微粒的小宇宙，其中的微粒如此快的运动，以致在一个比按假定飞矢得以成为“是运动的”的那个时间间隔还短的时间间隔里，建立它们的运动节律。

这事实上就是飞矢在现代物理学中的解释。通过否定隐含在其论辩之中的前提可以回答芝诺。我们决不能说芝诺被“驳倒了”，因为尽管它的论辩本身易于理解，但在学者中，芝诺究竟要以

之证明什么却还有许多疑问:他试图阐明的问题究竟是什么?不过很明显,问题的诸条件之一是,箭被射入空中的“运动”与立在箭袋里或横在地上的“静止”存在区别。进化的物理学否认这种区别。箭一部分由木头、一部分由铁所组成,这两者都是由不断地运动着的细小微粒组成。木头的微粒以一种方式运动,铁的以另一种。这些微粒本身也是由更细小的同样按照它们自己的方式运动的微粒构成。无论物理学家可以把他的分析推进多远,他绝不可能达到静止的微粒,也绝不会达到其行为方式同其构成物完全一样的微粒。他也不能够想象它们之中的任一个在任何阶段同另一个有着完全一样的行为方式:相反,他借以把它们看作是运动着的那个“规律”,用他自己的话说,是“统计的规律”,是它们集体平均行为的表述,而不是当它们被分开时的个体行为。

按照最小空间原理,不论何处有一个自然实体 S_1(如水),总
22 存在一个最小的可能量(水的分子),任何比它再小的东西就不再是这种实体而是不同的实体(氧或氢)。按照最小时间原理,有一个最小时间 t,在这段时间里,一个单分子(水)中(氧和氢)原子的运动能够建立自己的节律,从而组成那个单分子。在小于 t 的时间间隔内,(氧和氢)原子存在,但分子不存在。没有 S_1 只有 S_2——一种氧和氢所属的实体等级。

但 S_2 的微粒自身也是由更小的运动微粒所组成(电子、原子,至今为止彻底的分析还没有最终达到),这些就不是 S_2 而是 S_3 的微粒了(正电和负电)。

再次使用最小时间和最小空间原理。S_2(氢和氧的原子)会有一个最小可能量,但不必与包含在这个等级的所有其他实体相同。

S_3的最小可能量将更小。同样，在单个S_2粒子中的S_3粒子的运动也有一个最小可能时间间隔t_2，在这时段里能够建立起自己的节律从而构成这个S_2粒子。对于包含在S_2层次的各种不同的实体，也不必有一个同样长度的时间间隔，但所有的情形都限制在由称为t_2的东西所暗含的界限下。在一个比t_2还小的时间间隔中，没有任何实体属于S_2层次，只有S_3。

如果要问一个给定的事物是否S_1、S_2或S_3的样本，答案都依赖于如下问题：处在多长的时间中？如果在t_1级别的时间内，它便是S_1的样本；如果在t_2级别的时间里，它就是S_2的样本；如果在t_3级次的时间里，它就是S_3的样本。不同级别的实体的存在需要有不同级别的时间间隔。

这个原理的含义已经被 A. N. 怀特海（A. N. Whitehead）教授所指出，并且被总结成他的名言[①]“瞬间中不存在自然”。所有现
代自然科学都倾向于将实体消解为功能。所有的自然功能都是运 23
动的形式，而所有的运动都需要时间。在一瞬间——不是那种包含了可测出时间间隔的“瞬时”照片上的“瞬间”，而是一个不包含任何时间间隔的数学瞬间——不可能有运动存在，因而没有自然的功能，因而也没有自然的实体。

也许顺便可以看出，这一原理并不导向主观唯心主义。有人可能把它表述成：自然界如何向我们呈现，依赖于我们以多长的时间观察它；对于一个持续对它观察了一千年的人，它会以一种方式表现出来，而对一个只持续观察了千分之一秒的人，则会以一种不

① *Nature and Life*, 1934, p. 48.

同的方式表现出来；但每一次表现都仅仅是现象，归因于我们正好花了这么长时间做观察这一事实。

这虽然是真的，但会把人引入歧途。水为了存在就需要一个 t_1 级别的时间，它跟组成它的氧原子和氢原子一样实在，虽然后两者要求一个 t_2 级别的时间；它们又跟组成它们的要求更少时间的电子和原子核一样实在。自然界如何呈现给我们，确实依赖于我们观察它的时间有多长，但这是因为当我们在某一个时间长度中观察时，我们观察到的正是需要这个长度的时间才会发生的过程。

表述这一原理的另一个危险的方式是，先假设自然中的所有运动都停止了，再问，还会剩下什么？按照希腊的物理学，以及同样按照文艺复兴的观念——特别按照牛顿的表述，此观念今天以“经典物理学”著称——留下来的是自然的尸体，一个冰冷死寂的世界，就像一只海上弃船。按照现代物理学，则什么东西也不会留下。这个说法是危险的。因为“什么也不会留下”所依据的假设，对现代物理学来说是一个毫无意义的假设：它意味着实体和功能之间有区别，而这种区别恰恰是现代物理学加以否定的。

这一原理也许还可以用其他的假设来描述，这些假设尽管不可能实际实现，但也不至于本身就是无意义的。我们关于自然界的实验知识，基于我们对那些我们可以实验地加以观察的自然过
24 程的熟悉。这种熟悉，在时间和空间上，往下受限于我们无法观察到占据比某个量更小的空间和比某个量更小的时间的任何过程，往上受限于无法观察到占据比人类的视力范围或人类记录的时间更大的空间和时间的任何过程，或者甚至只是受限于观察的不方便：有些过程的时间太长，长到对我们来说不容易全身心投入地去

观察它们。我们的观察在时间和空间上的这些限度——上限或下限，已经被现代科学家的仪器大大扩展了，但它们依然存在，而且通过我们身体构造方面作为有限尺寸和有限生命节律的动物，最终加于我们。比我们更大或更小的动物，其生活处在一个更快或更慢的节律中的动物，它们一定会看到非常不同类型的过程，并且通过这些观察，关于自然界是什么样子它们一定会得出与我们完全不同的看法。

对任何像下面这样的论证的有效性，新宇宙论都需要某种怀疑论：从我们自己的观察出发，归纳地推出我们所观察到的东西正是自然就其整体的一个恰如其分的样本。这些论证在如下意义上无疑是有效的：即我们观察的过程，也许正是那些具有相同的空间或时间级别范围的过程——不管对我们是可观察的还是不可观察的——的一个恰如其分的样本；但是，对那些非常大或非常小的空间或非常长或非常短的时间中的过程，它们不可能告诉我们任何东西。人类科学家通过观察和实验所能研究的自然界，是一个人类中心的世界，它仅仅由那些时间段和空间范围都限于我们观察视野的自然过程所组成。①

① “热力学第二定律是正确的，仅仅是因为我们实际上无法处理某一大小界线之下的东西。如果我们的宇宙居住着智慧细菌的话，它们就不需要这样的一个定律”。(J. W. N. Sullivan, *The Bases of Modern Science*, ch. v)霍尔登教授(J. B. S. Haldane, ‘On Being the Right Size’, in *Possible Worlds*, 1927)已经指出，人类机体的尺寸正好处在电子和涡旋星云这两种最小和最大的存在物之间。他认为，这给了人在自然界中一个优越的地位。正如亚里士多德所主张的(《政治学》1327^{b}29)，希腊人适合于主宰世界，因为它 μεσεύει κατὰ τοὺς τόπους(地理位置处在两大陆之间)，从而它的人民具有相应的特征。换句话说，人的恰当位置就是处在他视域的中心。

25 这一怀疑论并不怀疑我们的观察方法在自己固有领域内的有效性。至少在这一点上，我们仍然继承着文艺复兴的科学方法——在被观察和实验确证之前，我们不坚持任何理论是可接受的。如下“理论”已通过这种方式被充分地确证了：在一种空间和时间尺度范围的自然过程拥有一种类型的特征，当它们的空间范围和时间间隔不同时，特征亦不同。运用现代科学仪器对我们观察限度进行扩展的一个后果——不是最不重要的后果——是我们有能力在我们被扩展的限度之内，比较向我们展示的最大尺度和最小尺度的过程，记下它们彼此之间的区别，以及那些观察不太能帮助我们熟知的东西之间的区别。

通过这种方法我们已经发现，牛顿运动定律对于人们日常经验范围里一切速度的运动都是有效的，但不能因此就像牛顿所假定的那样应用于任何速度——在速度接近光速时，它就失效了。

这里，再次提请注意也许是有益的：一个令人熟悉的历史特征确实是属于现代物理学的。如果一个历史学家没有办法理解占据一小时以上的事件，那么他所能描述的只是一间房子的烧毁而不是一间房子的建筑；是凯撒(Caesar)的遇刺而不是他对高卢人的征服；是皇家艺术院悬挂委员会对一张画的拒绝而不是它的绘制；是一部交响曲的演奏而不是它的创作。如果两个历史学家对“什么类型的事件在历史中发生、能够发生或可能发生”的问题提出各自的回答，其中一个人习惯于把一个事件看作历经了一小时的某种事情，另一个则看作历经了 10 年的某种事情，那么他们的回答会完全不同。如果第三位理解一个事件的方式是让任何事情都经历 1000 年，那么他又会给出不同的答案。

我们可以在某种程度上谈谈都会有哪些差别。一般来讲，制造事物比毁灭它们费时要长。对一个历史事件，我们的标准时间 26
段越短，我们的历史中就包含有更多的毁灭、灾难、战争、谋杀和突然死亡。但毁灭意味着有毁灭的事物存在，而这种类型的历史不能说明这些事物是如何存在起来的。因为它走向存在的过程是一个太长的过程，以至于用这种类型的历史无法把它理解成一个事件，它的存在必须被预设出来，就像是给定的、现成的、由历史之外的某种力量奇迹般的建立起来的。

对一个自身并不是自然科学家的人，冒险去谈论刚才说到的历史特征与自然科学中的事情之间如何的接近类似，也许失之卤莽。我已经摘录了已故的苏里凡(J. W. N. Sullivan)先生的评论，即热力学第二定律仅仅从人的观点才是适用的，而对一个智慧微生物就没有必要。如果我说过的那些类似完全是接近的，那么，一个比人的生命时间节律更长的智慧有机体可能会发现，与其说它不必要还不如说它不真实。

最容易在人类的日常观察中出现的自然过程，绝大多数是一些毁灭型的，如同那些把事件总想成历经很短时间的历史学家在其知识范围内最容易出现的历史事件。也许，自然科学家就像这样的历史学家一样，总是被这个事实所引导去把自然中的事件想象成主要是毁灭型的：[他见到]能量的释放或消耗，但他不知道是如何储存的。他把自然界也想象成像钟那样正慢慢停走，或者像正被不断发射出去的弹药库。

关于自然过程的这种概念不是我个人的发明。实际上，我们在自己时代的自然科学家的著作中会一再发现。它非常类似于那个人人皆知的已过时的历史观点，按照那个观点，历史过程不是建设型的而仅仅是毁灭型的，其必然推论就是，这些过程所毁灭的是一个给定的、现成的、奇迹般建立起来的人类生活形式，是一个原始的黄金时代，关于它，所有历史能告诉我们的，就是它如何在时间的牙齿中逐渐被磨蚀。

27 如同所有人知道的，这种历史观是一种错觉。它是与可称之为历史近视症相伴随的一种幻觉：习惯于看到较短时间段的历史事件，而不是惯于看到那些时间节律较长的事件。这种历史是这样一个过程，在其中 *tout casse*，*tout lasse*，*tout passe*（一切都在打碎、一切都在困乏、一切都在流逝）无疑是真的，但它同样也是一个被毁灭的事物被带入存在之中的过程。只不过由于它没有历经这么长的时间，所以更容易看到它们的毁灭而不是它们的建构。

在自然界中难道不是同样的吗？在现代走下坡路的宇宙图景中，按照热力学第二定律，能量渐渐地由非均匀和随意的分布（这是一个用我们迄今知道的任何定律都无法说明的分布，因而事实上是一个给定的、现成的、奇迹般建立起来的分布，一个物理学家的黄金时代）变成一个均匀的分布，这一宇宙图景正是基于习惯的对相对短程的过程的观察，一旦更密切地注意更长时间段的过程，它就注定在某个未来的日子里被当作幻觉驱除。难道不是这样的吗？即或是这些长时段过程继续逃避人的观察，但由于按照进化物理学的原理，我们会发现自己还是不得不假定有这样的过程，尽管我们不能直接观察它们，这样，不是还会发现有必要将同一图景当作幻象加以驱除吗？

第一部分

希腊宇宙论

第一章　爱奥尼亚学派 29

一　爱奥尼亚的自然科学

公元前 7 世纪和前 6 世纪的爱奥尼亚哲学家们，在宇宙论问题上倾注了如此多的精力，以至于亚里士多德这位关于希腊早期思想史迄今最重要的权威，把他们全体归为 φυσιόλογοι（自然哲学家），自然的理论家。按照亚里士多德，爱奥尼亚宇宙论的特征是：无论何时它的信徒们追问“什么是自然”，他们都立刻将此问题转换成“事物是由什么组成的”，或者转换成“什么是在我们所熟知的自然界一切变化之下原始的、不变化的实体？”①

能够问出这个问题的人，肯定已经在他的心里沉积了许多预备性的观点。如果一个持续了大半个世纪的学派的全体思想家，

---

①　布列埃先生（E. Bréhier, *Histoire de la Philosophie*, Paris, 1928, vol. i, p. 42）说，“事物由什么组成”的问题不是泰勒士的问题，而是亚里士多德的问题。他如下的警告当然是有力量的：我们透过亚里士多德的眼镜所形成的关于爱奥尼亚物理学家的传统观点，使我们处在一种危险之中，即夸大事实上只是附带说说（obiter dicta）的东西在这些人心目中的重要性，从而把公元前 4 世纪的问题投射到公元前 6 世纪甚或前 7 世纪晚期去。然而，布列埃先生自己又说“Le phénomène fondamental dans cette physique milesienne est bien l'évaporation de l'eau de la mer sous l'influence de la chaleur”（米利都物理学的基本现象是海水受热后的蒸发）。换句话说，布列埃先生不顾自己的警告，继续接受亚里士多德的观点，认为爱奥尼亚的基本概念是转换的概念。

都认可问同样的问题，那么，其预备性的观点就一定沉积得十分牢固。我将提出其中的三个：

(1)**存在“自然的”事物**：换句话说，在我们知道的事物中，无疑某些是“人工的”，即人类或其他动物之“技能”的产品，其他的则是“自然的”——作为“人工的”对立面，这些事物自身发生和存在着，并且不是因为有谁制造或生产了它们。

(2)**“自然的”事物组成一个单一的“自然界”**：换句话说，这些自身存在和发生的事物，不仅共同具有不是由“技能”产生的这种否定性特征，而且同样具有某些肯定性特征，从而有可能对它们做
30 一些断言，这个断言不只适用于它们中某些挑选出来的组群，而是适用于它们全部。

这两个观点是任何“自然科学”必不可少的前提。公元前7世纪，希腊人将它们确立起来。为确立它们，经过了什么样的探究或反思过程，我们一点都不清楚；在多大程度上得益于美索不达米亚人、埃及人以及其他非希腊人，我们也只略知一二。

(3)**一切“自然的”事物的共同点是它们都由单一的“实体”或物质组成**。这是爱奥尼亚物理学特有的或独有的前提。米利都学派可以被认为是这样一群思想家，他们把这个前提当成他们特殊事业的“工作假说”，并去发现由它能解释什么——特别要问的是：“如果该前提成立的话，我们能对这个单一实体说些什么？”他们并未有意识地把它当作一个“工作假说”，因为毫无疑问，他们是把它当作他们所有思想的一个绝对而又毋庸置疑的前提；但思想史家回头看他们的作为，便不能不看到，他们真正作的就是检验这个单一的普遍实体的观念，并找出它的缺陷。

1. 泰勒士

泰勒士(Thales),这个学派的奠基人,于公元前 630 年至前 620 年之间生于米利都(Miletus),一直活到公元前 546/5 年萨底斯(Sardis)的陷落。众所周知,他提出,所有事物由以构成的普遍实体是水。他身后没有留下文字著作,至少没有留下关于这个话题的文字[①];为什么他选择水在他的自然体系中扮演这个中心角色? 他怎 31
样设想由水"制造"事物的过程,也就是说,他怎么会恰恰想到一件事物由水构成,而一块石头或一条鱼是与组成它们的水不同的? 对所有这些问题,早在亚里士多德时期,传统就保持沉默。对第二个问题,我们看不到任何希望。对第一个,亚里士多德自己也不太清楚,但他给出了两个假想作为公认的猜测。第一个是,湿气对任何有机物的滋养都是必要的;第二个是,所有动物的生命都是在精液中开始的。[②]

这里应加以注意的不是亚里士多德所做的猜测,而是他的前提,即泰勒士把自然界看成一个有机体:实际上,看成一个动物。这一点被流传到我们的泰勒士自己言论的残篇加以证实。按照这

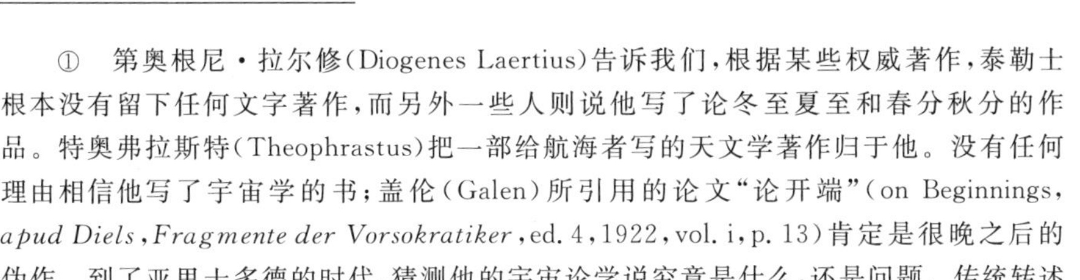

① 第奥根尼·拉尔修(Diogenes Laertius)告诉我们,根据某些权威著作,泰勒士根本没有留下任何文字著作,而另外一些人则说他写了论冬至夏至和春分秋分的作品。特奥弗拉斯特(Theophrastus)把一部给航海者写的天文学著作归于他。没有任何理由相信他写了宇宙学的书;盖伦(Galen)所引用的论文"论开端"(on Beginnings, *apud Diels*, *Fragmente der Vorsokratiker*, ed. 4, 1922, vol. i, p. 13)肯定是很晚之后的伪作。到了亚里士多德的时代,猜测他的宇宙论学说究竟是什么,还是问题。传统转述了不同的断言意见,因为公元前 4 世纪的思想史家只得思考那些他们所意想的东西。

② λαβὼν ἴσως τὴν ὑπόληψιν ταύτην ἐκ τοῦ πάντων ὁρᾶν τὴν τροφὴν ὑγρὰν οὖσαν... καὶ διὰ τὸ πάντων τὰ σπέρματα τὴν φύσιν ὑγρὰν ἔχειν"也许是从一切事物于湿润中滋养的观察得出这个观点的……也可以从一切事物的种子本性上都是湿的这一事实得出。"Aristotle, *Metaphysics*, A, 983b22—7。

些残篇，泰勒士把世界（也就是地球加天体，晚期希腊思想家称之为 κόσμος[宇宙]而米利都学派称之为 οὐρανός[天]）看成“赋予了灵魂的”某种东西，ἔμψυχον（一个有生命的机体或动物），在其内部，是更小的具有自己灵魂的有机体。据此，单个一棵树或一块石头，按他说来不仅自身是个有生命的机体，而且是世界这个大机体的一部分。世界之中这样的机体之一就是地球，据说，泰勒士曾认为它浮在海水之上。由于他当然地把地球看作是有生命的，当然地把它及它之中的所有事物都看作由水组成，并可能认为（而他的学生们肯定认为）自然中的所有事物都持续地逝去，因而需要不断地更新和变动，因此，他很可能设想地球正在它所漂浮的水面上放养，用这海洋中的水修复着自己的和它之中的所有事物的组织，并通过一个类似于呼吸和消化的过程，将它转化为它自己躯体的各个部分。进一步，我们还听说，他将世界描述成 ποίημα θεοῦ，即由
32 上帝创造的某些事物。也就是说，这种宇宙机体的生命过程，并没有被他认作是自存的或永恒的（如他说过上帝比世界“更老”），相反，它们的存在依赖于一个先于并且超越于它们的力量（agency）。[①]

① 第奥根尼·拉尔修说：泰勒士把世界看作是“被赋予了灵魂的”（ἔμψυχον），即是一个生命机体。他还重复亚里士多德的说法（*de Anima*，405a19），认为泰勒士把灵魂归于某种可以引致运动的东西，例如磁石。

地球浮在宇宙之水中“像一根圆木”，这是亚里士多德所报告的（*de Caelo*，294a28）所谓的（“他们说”）泰勒士的观点。

“上帝是最老的事物，因为它没有开端，”以及“世界是最美好的事物，因为它是上帝的造物”，属于第奥根尼·拉尔修归于泰勒士的那些话。

地球在水中“放养”这样的理论，没有在泰勒士残篇的任何地方表达过，也没有任何古代作者认为属于他，但我并不是唯一一个从传下来的残篇及其上下文中发掘出这个意思的人。“物质世界存在于水之中，并在其中得到养料”（A. Rey，*La Jeunesse de la Science grecque*，Paris，1933，p. 40. 着重号为我所加）。

很明显，从这些寥寥可数的记载中可以看出，泰勒士的观念同文艺复兴的自然概念差距很大。后者把自然界作为一个由非凡的工程师为了自己的目的而建造的宇宙机器，他则把它作为一个宇宙动物，其运动只服从自己的目的。这个动物生活在它所由产生的介质中间，就像母牛生活在草地上一样。但是现在问题出现了，母牛是怎样来到这儿的？是什么将那些未分化的水转化成分化了的和赋有灵魂的、我们称之为世界的水的？这里，世界和一头母牛的类比破裂了。宇宙母牛并不像一头小牛那样开始它的生命，世界—动物的生命不包含任何同生殖相类似的东西。世界不是生下来的，而是造出来的，是被那敢于构造它的惊人对称性的唯一创造者——上帝——造出来的。

但这是一种什么类型的制造呢？它同文艺复兴的宇宙论所归于“宇宙的伟大建筑师”的那种制造是非常不同的。对于文艺复兴思想来说，正如上述短语所意指的，上帝的创造活动就它同自然界的关系讲，在所有的方面，都是人建造一间房子或一部机器的那种活动的放大版本。只有一个例外，这个例外就是，上帝是一个不需要任何材料可以从一无所有中造出他的世界的建筑师或工程师。
如果泰勒士在他的短语 ποίημα θεοῦ 中所说的神的活动，是人类活 33
动的一个放大的版本，那么这种人的活动就不是一个建筑师或工程师的活动，而是一个魔术师的活动了。在泰勒士的宇宙论中，上帝由水中奇迹般地造出了一个宇宙动物，就像亚伦[①]由一根拐棍造出一条蛇，或阿兰达人[②]在他们的英奇图玛(inchitiuma)仪式上

① 亚伦(Aaron)，圣经人物，摩西之兄，犹太教的第一祭司长。——译者注

② 阿兰达人(Arunta)，澳大利亚中部土著居民。——译者注

造出一些鸸鹋[①]或木蠹蛾幼虫[②]。

2. 阿那克西曼德

接近公元前 6 世纪中期的阿那克西曼德(Anaximander)[③],以某种重要的方式修改了这个学说。他认为地球不是一个扁平的浮在海洋表面像木筏似的东西,而是一个固体圆柱体,就像希腊建筑物中的鼓形石柱[④],自由地浮在一个它由之构成的未分化的原材料的介质之中。这种原材料在他看来不是水(因为水毕竟是一个特定的自然实体,其本源(φυσιόλογος)也有待解释),而是某种只能用 τὸ ἄπειρον ——无限者——这样的名字来描述的东西。他用这个名字的意思是,一方面,它在空间和时间的量上是无限的,在各个方向以及在时间中向前或向后都可以无限扩展;另一方面,它在质上是不确定的,比如说,既没有特定的液体特征,也没有固体或气体特征。[⑤] 他设想:在这种均匀的如旋涡或泡沫一样的介质中,无数的世界在这里或那里产生了,我们的世界就是其中之一。他将无限者同上帝等

① 鸸鹋(emu),产于澳洲的一种体型很大、不会飞的鸟。——译者注

② 木蠹蛾幼虫(witchetty grub),澳洲土著居民以之为食。——译者注

③ 第奥根尼·拉尔修定的日期是,他生于大约公元前 610/11 年,卒于公元前 547/6 年之后不久。

④ κυλινδροειδῆ,"圆柱的",伪普鲁塔克(*Strom.* 2;*apud* Diels,p. 16,l. 15)用特奥弗拉斯特的话说,"有着直径的三分之一高";参见 Hippolytus,*Ref.* i. 6,*apud* Diels,ibid.,l. 33。不过,第奥根尼·拉尔修说,阿那克西曼德把地球当作球体,σφαιροειδῆ(Diels,p. 14,l. 5)。

⑤ ἀόριστον καὶ κατ' εἶδος καὶ κατὰ μέγεθος "在种类和范围上都不确定。"(Simplicius,*Phys.* 154,14,*apud* Diels,p. 16,l. 6,转自特奥弗拉斯特)

同起来，认为它是不死和不朽的。[①] 有些作者告诉我们，他还认为多样的世界本身就是诸神。[②] 但这看来会同他自己流传下来的理 34
论公然发生矛盾（除非它只是对这理论的一种注解，也许是亚里士多德的）：之所以给无限者以上帝之称，是因为它的无限性和永恒性，而任何给定的世界在其空间范围和生命的持续上都是有限的。

是什么导致阿那克西曼德陷入这种矛盾的呢？我们只能猜测。以下这一点总是清楚的，即在宇宙论上，他同他的老师泰勒士最著名的分歧有一个合乎逻辑的基础，并且必定导致了合乎逻辑的结果。水不可能是万物由以构成的物质，因为水作为湿有一个对立面即干燥。作为一对对立面，它们互相暗含，并且都必定从那些本来未分化的东西的分化中产生出来。因此，万物由之构成的事物必须是未分化的。在其中发生了一个创造过程，通过这个过程，热与冷、湿与干这些对立面产生并同时分离开来。我们被告知，阿那克西曼德实际上正是以这种方式来论证的。我们还被告知，他把创造过程看成由循环运动所组成，这种循环运动可能在无限者的任何一处产生，从而在它的任一部分中造出一个世界来。

① καὶ τοῦτο(sc. τὸ ἄπειρον)εἶναι τὸ θεῖον ἀθάνατον γὰρ καὶ ἀνώλεθρον “他说，并且神就是这个（无限者），因为它不朽不灭。”（Aristotle, *Physics*, iii. 203b12, *apud* Diels, p. 17, l. 34）

② 'A. ἀπεφήνατο τοὺς ἀπείρονς οὐρανοὺς θεούς “阿氏断言无数的世界就是诸神。”（Aëtius, i. 17. 12, *apud* Diels, p. 18, l. 30）*A. autem opinio est natives esse deos longis intervallis orientis occidentisque, eosque innumerabiles esse mundos.* “但阿氏的观点是，有诸神，由诞生走入存在，位于地球赤道平面一个宽广的区域，它们就是无数的世界。”（Cicero, *de nat. Deorum*, i. 10. 25, *apud* Diels, p. 18, l. 31）阿那克西曼德设想这些其他的世界位于赤道面上的这种说法，除了西塞罗之外，在别的权威作者那里都不曾有过。

这似乎意味着，在神学中阿那克西曼德反对泰勒士的超越论而主张内在论。[①] 他不认为上帝是一种非凡的魔术师，通过在未分化的原初质料中开辟一个分化过程来制造世界，他似乎把世界的制造，看成是原初质料通过发起那些局部旋涡而在自身中产生的过程。一个世界就是这样的一个事物，即旋涡在无限者的哪里
35 产生，世界就在哪里建造自己。因此，一个世界就是一个世界制造者或一个上帝。这个世界的 *natura naturata*（被自然创造的自然）（预示了很久以后的一个区别[②]）在空间范围和其生命的持续方面是有限的，但它的 *natura naturans*（创造自然的自然）是无限者及其循环运动的创造本性，并因此是永恒和无限的。

推测也许还可以推进一步。正如我们已经发现的，泰勒士宇宙论里有一个自相矛盾的特征：按照他的理论，一个东西如磁石必须自身是一个动物，同时又是地球这个动物的一部分。这破坏了类比从而是自相矛盾的。一个人或一只鸟是一个有机体，人的手或鸟的翅膀是这个有机体的一部分，但它们自身并不是一个有机

---

① 如果泰勒士真的说过“所有事物都充满了神”（如亚里士多德所说，*de Anima*，411a8），那他不可能认为神性的自然相对于世界而言仅仅是超越的。这倒没有什么可奇怪的，因为纯粹而又严格超越性的神学如同纯粹而又严格内在性的神学一样，都很难在思想史上找到。顶多可以说，在这种或那种神学中，内在论或超越论是占主导地位的倾向。

但我们还不太肯定这个说法属于泰勒士而不属于赫拉克利特（Heraclitus），并且即使真的属于泰勒士，我们也还不能肯定他这么说究竟意味着什么。因为在希腊文献中，灵魂常被称为神，从而公认泰勒士主张所有的自然物体都被赋予了灵魂。参见 Ueberweg，*Gesch. D. Philos.*，ed. 12（Berlin，1926），vol. i，pp. 44—5.

② 即 natura naturata（被自然创造的自然）与 natura naturans（创造自然的自然）在中世纪的区别。——译者注

体。一个人或一只鸟是一个家庭或鸟群的一部分，但这个家庭或鸟群不是一个有机体，而是有机体的集群。地球不仅仅是诸多有机体中的一个有机体，而且是在其中孕育着有机体诞生的有机体。相对于那些被孕育的有机体来说，地球是创造性的从而是神。它再次预示了以后的一个理论，即地球是被赋予了创造性的“第二因”，这种创造性虽然范围有限、性质特殊，但在其有限和特殊的方式之中依然是神性的。如果能够得出这些区别，那么阿那克西曼德宇宙论之中超越的和内在的因素之间的矛盾就消失了。

3. 阿那克西米尼

阿那克西米尼（Anaximenes，公元前 6 世纪晚期）[①]回到了泰勒士的地球扁平理论，但不再认为这个扁平物体浮在什么东西的表面上。他说，地球靠介质密度的支撑漂浮在环绕的介质中。[②]

① 第奥根尼·拉尔修说他生于“大约萨底斯陷落之时”（546/5），卒于 528/5（Diels，p. 22）。这使得他去世时只有 18—20 岁，这不可能。欧西彪（Eusebius）将萨底斯的陷落日期定为同他的鼎盛年（*floruit*）一致而不是他的出生，这无疑是正确的。鼎盛年通常定在 40 岁，这就意味着他生于大约公元前 585 年。

② τὴν δὲ γῆν πλατεῖαν εἶναι ἐπ' ἀέρος ὀχουμένην“他说地球是扁平的，并由空气支撑”。（Hippol. *Ref*. i. 7；*apud* Diels，p. 23，l. 19）τὸ πλάτος αἴτιον εἶναι τοῦ μένειν αὐτήν· οὐ γὰρ τέμνειν ἀλλ' ἐπιπωματίζειν τὸν ἀέρα τὸν κάτωθεν“他说地球静止的原因是因为它是扁平的，因为它没有将它下面的空气分开，而是像盖子那样压着空气。”（Aristotle，*de Caelo*，294b13；*apud* Diels，p. 25，l. 24）

阿那克西曼德，在他一个最为非凡的直觉中发现地球无须支撑，因为没有理由使它应该朝某一方向下落而不是其他方向，所以它保持静止。τὴν γῆν εἶναι μετέωρον ὑπὸ μηδενὸς κρατουμένην，μένουσαν δὲ διὰ τὴν ὁμοίαν πάντων ἀπόστασιν“他说，地球之所以在空间中自由摆动，并且无任何支撑地保持静止，是因为所有的东西都与它保持同等距离”（Hippol. *Ref*. i. 6；*apud* Diels，p. 16，l. 31）阿那克西米尼在这里没能遵循他老师的指引，而是让他的地球被某些东西所支撑。

36 同所有爱奥尼亚哲学家一样，他设想它所漂浮于其中的介质也是它由以构成的质料。像阿那克西曼德一样，他把这个质料看成是在围绕世界的各个方向无限伸展的三维体。[①] 尽管有阿那克西曼德的榜样，他还是没看出逻辑上必然要求把它设想为质上不确定的。他回到了泰勒士，把它同一个特定的自然实体等同起来。同泰勒士的区别仅在于，他不是把它称作水而是气或蒸汽(ἀήρ)。[②]

各种自然实体的区别在于，火是这种气的稀释，而风、云、水、土和石头，则是这种气的逐渐凝结。[③] 宇宙蒸汽在自身内永恒地引发运动，这种旋转运动分化和分离各种自然实体，已稀释的部分被抛到了周边，形成了星星；而凝结的部分则聚集在旋涡的中心，形成地球。

所有这些都非常像阿那克西曼德。他同样追随阿那克西曼德，认为原初实体是神性的，从而抛弃了泰勒士超越的“魔术师—上帝”，代之以一个内在的等同于世界—创造过程自身的上帝。就我们所知，这是阿那克西米尼那里的一个新特征，即尽管带有某种粗糙的唯物主义的意味，这个“世界—上帝”对他来说既是超越的又是内在的。因为他说，神性的气不仅是世界由以构成的实体，而且是包围它并使它结成一体的包层或外皮。他在他的一个留存下来

① τῷ μεγέθει ἄπειρον “无限的延伸”(pseudo-Plutarch, *Strom*. 3; *apud* Diels, p. 23, l. 2)。

② 在荷马(Homer)和赫西俄德(Hesiod)那里，ἀήρ 意思是“薄雾”或“阴霾”。

③ διαφέρειν δὲ μανότητι καὶ πυκνότητι κατὰ τὰς οὐσίας, καὶ ἀραιούμενον μὲν πῦρ γίνεσθαι κ. τ. λ. “他说，按照实体的不同，它或者稀释或者凝聚；稀释，则成火，等等”。(Simplicius, *Phys*., 24. 26；得自特奥弗拉斯特；*apud* Diels, p. 22, l. 18)。

的残篇中说，“就像人的灵魂包围人的身体并使之结成一体那样。”①

同阿那克西曼德一样，阿那克西米尼相信世界的多元性，并且 37
像阿那克西曼德那样（无疑是因为同样的理由），他似乎称它们每一个为神。但很明显，这些世界跟阿那克西曼德的世界一样，不是在空间上相互外在，而是在时间上相互外在，一个终结而另一个产生。他似乎这样想过，在任一给定时间都不可能有多于一个的世界。②

同模糊但伟大的人物泰勒士以及同样伟大而且更加清楚明白的阿那克西曼德相比，阿那克西米尼既不非常动人，也不特别有趣。我们所知道的他的大部分观点，都只是简单地重复阿那克西曼德。在他与阿那克西曼德有所区别的地方，他几乎总是更糟些。在他的宇宙论里，我们只听说过一个观念是名副其实地首创并被证明是有增殖力的。即便这例外的观念在他手里也并没证明是有增殖力的，这是因为，只有那些为了发展而抛弃爱奥尼亚宇宙论的基本原理并另辟新径的人，才有可能实现它其中包含的进步的可

---

① *οἷον ἡ ψυχή, φησίν, ἡ ἡμετέρα ἀὴρ οὖσα συγκρατεῖ ἡμᾶς, καὶ ὅλον τὸν κόσμον πνεῦμα καὶ ἀὴρ περιέχει* “正如按照阿那克西米尼，我们的灵魂也就是气使我们结成一体一样，作为整体的世界也被它的呼吸即气所包围”（Aëtius, i. 3. 4; *apud* Diels, p. 26, l. 20）。

② *γεννητὸν δὲ καὶ φθαρτὸν τὸν ἕνα κόσμον ποιοῦσιν ὅσοι ἀεὶ μέν φασιν εἶναι κόσμον, οὐ μὴν τὸν αὐτὸν ἀεί, ἀλλὰ ἄλλοτε ἄλλον γινόμενον κατά τινας χρόνων περιόδους, ὡς Ἀναξιμένης* “有些人如阿那克西米尼认为，总是只有一个世界但并非总是同一个世界，因为由此时到彼时，一个新的世界在某个时间间隔之后走向存在，所以把一个世界看作是走向存在而又离开存在”（Simplicius, Phys., II21. 12; apud Diels, p. 24, l. 20）。*Nec deos negavit nec tacit; non tame nab ipsis aërem factum, se dipsos ex aëre ortos credidit* “他既不否认神祇也不在沉默中忽略它们，但他并不主张气由它们造成，而是主张神由气中产生”（Augustine, *de civ. Dei*, viii. 2; *apud* Diels, p. 24, l. 16）。

能性。

这个观念就是关于凝聚和稀释的观念。阿那克西曼德扣住了这个问题:“如果各种类型的自然物质都是由同样的原初物质组成,那么为什么有不同方式的表现呢?”他也做出了回答:“这是因为,通过自身的旋涡运动,对立面从未分化的原初物质中区别和分离出来。”但我们还没有理由相信,阿那克西曼德有能力解释为什么未分化物质中的运动会在其中产生他称为热和冷、干和湿等对立面。

38 同样,阿那克西米尼也意识到了在他前辈的宇宙论中的这个缺陷,并且试图消除它。他问道,一个人怎么会忽而吹热气,忽而吹冷气呢？在他的最长的残篇里,他作了回答:这决定于你是张大嘴吹还是几乎闭着嘴吹。当你吹气的时候张大你的嘴,你的呼吸便产生出热。闭住你的嘴唇吹气,便产生出冷。这两种情形的差别是什么呢？仅仅在于:当你张大嘴吹气时,空气在较低的压力下流出,而当你用几乎闭着的嘴唇吹气时,空气是被压缩着的。①

这里是头等重要的宇宙论实验。首先,我们有了一种实体——空气,表现着在流动中的两种对立的性质(热和冷),如阿那

① ὅθεν οὐκ ἀπεικότως λέγεσθαι τὸ καὶ θερμὰ τον ἄνθρωπον ἐκ τοῦ στόματος καὶ ψυχρὰ μεθιέναι ψύχεται γὰρ ἡ πνοὴ πιεσθεῖσα καὶ πυκνωθεῖσα τοῖς χείλεσιν, ἀνειμένου δὲ τοῦ στόματος ἐκπίπτουσα γίγνεται θερμὸν ὑπὸ μανότητος,“所以,阿那克西米尼说道,一个人吹出既热且冷的气来没有什么不合理。因为呼吸通过嘴唇的压缩和凝聚变冷,但通过放松的嘴缓缓吐出时,它变得热起来,因为经过了稀释。”(Plutarch, de prim. Frig., 7. 947 seqq.; apud Diels, p. 26, II. 9—13)

克西曼德所说的那样。在这个关键点上，阿那克西曼德是对的。其次，我们可以通过提供亚里士多德称之为在运动和热冷对立面之间的“中间环节”，来补偿阿那克西曼德理论中的缺陷。“中间环节”就是凝结和稀释。当运动凝结空气时产生冷，稀释它时则产生热。

知道就是这导致阿那克西米尼放弃阿那克西曼德不确定的原初物质，并以空气为原初物质，这并不令人惊奇。一种不确定的原初物质——你可以想象阿那克西米尼这样论证——只是无法发现的和无法说出的虚无(nothing)。阿那克西曼德关于他的不确定物质所想说的，至少有一部分的确可针对空气说出来，并且不仅是说，而且可以加以论证。

就在这里，阿那克西米尼取得了进展。正如我讲过的，他在补偿阿那克西曼德关于原初物质中的运动何以在其中产生出对立面这个陈述的缺陷时，突破了他的老师阿那克西曼德。但在取得这个进步时，他把爱奥尼亚物理学的世界抛在了他的后面，而指出了通往尚不存在的另一类物理科学的道路。他打破了他那个时代物理学的游戏规则。他赢得了就像刻在橄榄球学校入口处为了 39
纪念 W. W. 爱利斯(W. W. Ellis)的碑文那样的墓志铭：“他漠视他那个时代橄榄球的游戏规则，第一次捡起了球并带着它奔跑，从而创造了现代橄榄球运动。”从他通常也被归派其中的爱奥尼亚学派的传统观点来看，他是衰微没落的代表；但从另一种观点看来，他则不是一个衰落的代表而是进步的代表，而且从这种观点看，他不属于爱奥尼亚学派，而是它与毕达哥拉斯学派之间的纽带。

这个论点必须从正面和反面均加以论证：反面地，即指出阿那克西米尼不再是一个真正的爱奥尼亚派学者；正面地，即指出他已经在从事毕达哥拉斯学派的事业。

从两个事实很清楚地看出他不是一个真正的爱奥尼亚学者：第一，阿那克西曼德已经指出，一个真正的原初普遍物质必须在质上是不确定的，从而就像它不能被认为是水一样亦不能认为它是空气，但阿那克西米尼又退回到了那相当确定性的解释上来；第二，他的主要兴趣似乎由单一的原初物质转到了各种自然物质的多样性，相应带着它们各自的行为模式。如果我解释得不错的话，阿那克西米尼已经失去了对下列问题的兴趣：“那所有事物都由其构成的事物是什么？”而这，按照亚里士多德，正是泰勒士及其学派的中心问题。至此，由于他失去了对它的兴趣，他便不是这个学派的成员了。阿那克西曼德已经把问题变得很荒谬了，而阿那克西米尼则扔掉了它。

从他对凝结和稀释概念的坚持，可以很清楚地看出他是一个不成熟的毕达哥拉斯主义者。他的问题是：“为什么不同的事物有不同的表现？”这不是爱奥尼亚物理学的问题，而是毕达哥拉斯派物理学的问题。他的回答是：“因为它们所由构成的事物——无论它是什么——都经历了空间中不同的组合”。这是毕达哥拉斯式的回答。不过，阿那克西米尼所发展的仅仅是毕克哥拉斯主义的
40 萌芽而已。阿那克西米尼所说的排列组合的差别，仅仅是物质在空间中填塞的松与紧之间的差别，而毕达哥拉斯学派比这走得更远。但就是这，也是一种由实体的概念向组合的概念，由物质的概念向形式的概念的诉求。这就是为什么阿那克西米尼——尽管没

有任何哲学史家曾用这种眼光看待过他[①]——不应被称作爱奥尼亚学派成员，而应被称作它与毕达哥拉斯学派之间纽带的道理。

二　爱奥尼亚自然科学的局限

爱奥尼亚学派同意把世界看作是一个均一的原初物质中的局部分化。他们认为，世界所由组成的东西就是那包围着它的东西。泰勒士看来是把原初物质与上帝区别开来了，但他的后继者把两者等同了，即认为未分化的原初物质在它内部创造了分化，这些分化就是世界。

这两者都不令人满意，如果你以设定一个均一的物质作为你宇宙论的开始，继而说世界就是这个物质中的一个局部分化，那么你逻辑上就必须给出某些理由来说明，为什么分化应该在它实际发生了的地方而不是别的地方发生。但在定义原初物质是均一的时候，你就已经使自己不可能给出任何这类理由，甚至也不可能为未来的发现留下一个这样的活口：肯定已经存在某些理由，只是我们现在不知道它是什么。

通过主张上帝在均一物质中他自己选定的某个地方做出了创造世界的选择，你现在并不能消除这个难题。这大概是泰勒士说过的，但是这没有意义。除非上帝的选择有他的理由，否则它就不

① 雷伊先生几乎也是这样看的（A. Rey，*La Jeunesse de la Science grecque*，Paris，1933，p. 94）："稀释和浓缩过程不再是个质变过程，它属于使质变本身成为可理解的量变范畴。……那是（人们期待看到"毕达哥拉斯学说"，但雷伊先生像一个真正的法国人那样，跳到17世纪——柯林武德注）笛卡尔理论体系出现的先兆。"

41 是选择；它是某些这样的东西，我们对它没有任何概念，称它们为选择也仅仅是迷惑我们自己，假装它同熟悉的人类选择活动一样，而实际上我们并不认为它们相似。选择总是在两者之间选择，并且这两者必须是可区分的，否则它们就根本不是两个可供选择的东西；进一步说，一个必须通过某种方式显示自己比另一个更有吸引力，否则它也不可能被选择。

说有能力使自己运动的原初物质是自身的上帝，它在自己内部选择产生分化的地方，这同样不能解决问题。这大概是阿那克西曼德和阿那克西米尼说过的。不管上帝是内在的还是超越的，困境还是依然如故。说他选择总是指，或者他有一个选择的理由，在这种情况下，被他选择的两者之间已经有分化，从而原初物质的均一性被抛弃了；或者他没有任何理由选择，这种情况下他也就没有选择。

这种困境不可能因虔诚地声明自己无知而逃避。你说这是你不打算探听的秘密，或者说上帝的方式不复查考，或者（如果你更喜欢一种骗人方式的话）说这些是终极性的问题，或者，如果你愿意的话，可以说智者所懂得的形而上学问题是不可解决的，我们应满意于直愣愣地瞪着它然后从旁边走过……但所有这一切都不可能摆脱困境。公正地说，爱奥尼亚学者们并没有作这些回避的尝试。这类欺骗出自一种假的宗教虔诚，而它却并不是希腊心灵的缺陷中的一种。它之所以是欺骗，是因为正是你自己开始探究这个秘密。你紧拽着上帝的名字在你的宇宙论中，因为你认为你可以祈求他。现在你发现你不能够。上帝的伟大没有被证明，但证明了你是一个糟糕的祈求者。

换句话说，这种困境不是从自然事物中产生的，而是在爱奥尼亚自然科学试着处理自己问题的方式中产生的。这告诉我们，不是自然事物不可理解，而是爱奥尼亚自然科学走了错误的一着。尤其是，这错误的一着就在于假定宇宙论可以建立在唯物主义基础之上。如果你愿意的话，你也可以由自然事物世界出发，倒推到世界由之构成的原初普遍物质或实体的观念。但这里有两个局限 42
是这种类型的任何方案都无法逃避的。

1. 你肯定不能像爱奥尼亚学派希望的那样指望得到关于这种实体的一个清晰的意象。你在所有不同自然实体的差别均被忽略的一个抽象过程中构造这个观念，当这个过程完成的时候，留下的肯定不会是像泰勒士所想象的水，也肯定不会是像阿那克西米尼所设想的空气。当阿那克西曼德把它描述成不定的或不确定的时候，他找到了正确的答案。

2. 你肯定不能像爱奥尼亚学派希望的那样指望逆推这个过程。姑且认为如下情况是可能的，即通过忽略不同种自然实体之间的所有差别，达到一个单一的普遍原初物质的抽象概念；但你不可能再从这原初物质推导出这个我们所知道的自然界。由一个均一的原初物质到一个由它组成的自然界，其间没有任何逻辑途径。

由于爱奥尼亚学派没注意到这两种不可能性，而把赌注押在指望(1)具体的描述普遍原初实体，以及(2)解释我们所知道的自然界是如何由之构成的，所以，欧洲自然科学的第一个伟大计划以失败告终了。科学史，迄今为止还是作为科学进步的历史，与其说在于事实的逐渐累积，不如说在于问题的逐渐澄清。造就一个自然科学家的，不是他关于自然事实的知识，而是他对自然的提问能力：首先是提问而不是等着看发生了什么，其次是提明智的问题即可回答的问题——内在的可回答而不是无意义的问题，以及相对于他所掌握的信息来说是可回答的问题，而不是那些只有掌握了为他所不知道的事实才能回答的问题。毫无疑问，爱奥尼亚物理学家提出了无数在这两种意义上均可回答的问题，而且其中的大多数无疑都给了正确的回答。无论如何，在任何一个有能力正确
43 评价他们的残篇所表明的巨大思想能力的人头脑里，这两点都是毋庸置疑的。但是，他们关于自然科学的一般计划受到了损害，这不是因为他们没有现代实验室中仪器的帮助而受限于用肉眼观测这一事实，而是因为他们常备性地提出两个问题这一事实——由于它们是无意义的问题，实验室技术的任何改善都无法使它们能够回答：

(1)我们如何能够为普遍的原初实体构造一个清晰的意象？

(2)我们如何能够由这个原初实体导出自然界？

三　“自然”一词的含义

我说过，当爱奥尼亚的物理学家们问起“什么是自然？”这个问题时，总是立刻转换成另一问题“事物由什么组成？”在我们离开爱奥尼亚学派之前，我必须对这个说法加一点评论。看起来，爱奥尼亚物理学家们的心思放在这一点上有点奇怪。对一个现代欧洲人，如果他被问到同样的问题“什么是自然？”很可能就会把它变成“什么样的事物存在于自然界中？”的问题，并且通过对自然界或自然史的一个描述性的说明来着手回答它。

这是因为，在现代欧洲语言中，“自然”一词总的说来是更经常地在集合(collective)的意义上用于自然事物的总和或汇集。当然，这不是这个词常常用于现代语言的唯一意义。还有另一个含义，我们认为是它的原义，严格地说是它的固有含义，即它指的不是一个集合(collection)而是一种原则(principle)——就这个词的固有含义，是 *principium*，ἀρχή——或本源(source)。我们说白蜡树的本性(Nature)是柔韧，橡树的本性是坚韧。我们说一个人有好争吵或和蔼可亲的本性。我们说，“狗喜欢叫和咬架……因为这是它的本性。”这里“Nature”一词涉及的是某种使它的持有者如其所表现的那样表现的东西，其行为表现的这种根源是其自身之内的某种东西：如果根源在它之外，那么来自它的行为就不是“自然 44
的”，而是被迫的。如果人走得快是因为他强壮、有力量和决心坚定，我们就说走得快是他的本性。如果他走得快是因为一条大狗正通过一根链子拉着他，我们就说他走得快不是由于他的本性而是被迫或强制的。

φύσις(自然或本性)一词在希腊语中同时有这些方面的运用，并且在希腊语中两种含义的关系同英文中两种含义的关系相同。[①] 在我们[拥有的]希腊文献的更早期文本中，φύσις 总是带有被我们认为是英语单词“Nature”之原始含义的含义。它总是意味着某种在一件事物之内或非常密切地属于它，作为其行为之根源

① 中文“自然”一词亦兼有“本性”和“自然物”这两种含义，而且其原初和基本的含义是前者，但现代汉语更多用于后一种含义。有鉴于此，在以下的翻译中，nature 尽量译成“自然”，有时为了顺应现代汉语习惯译成“本性”。——译者注

的东西。这是它在早期希腊作者们那里的唯一含义，并且是贯穿整个希腊文献史的标准含义。但非常少见的且相对较晚地，它也具有自然事物的总和或汇集这第二种含义，即它开始或多或少地与 κόσμος（宇宙）“世界”一词同义。例如高尔吉亚（Gorgias）[①]，公元前 5 世纪后期著名的西西里人，写了一本书名叫 *Περὶ τοῦ μὴ ὄντος, ἢ περὶ φύσεως*（论存在或论自然）。从古代作者们所告诉我们的这本书的内容，可以清楚地看出，其标题中的 φύσις 并不是指“本原”（principle），而是一个集合体（aggregate）；不是事物之中使事物如其表现的那样表现的东西，而是自然界。

我断定，在爱奥尼亚哲学家那里，φύσις 从来没有在第二种意义上使用过，而总是在其原初的意义上使用。“自然”对于他们从来没有意味着世界或者那些组成世界的诸事物，而总是指内在于这些事物之中、使得它们像它们所表现的那样表现的某种东西。所以向一位早期的爱奥尼亚哲学家提出“什么是自然”的问题，不可能使他想到一个“自然史”的汇集，一个对自然客体和自然事实的简要描述，而且这样一位哲学家，如果他出版一本题为“论自然”（περὶ φύσεως）的著作，他多半不可能有意用这个题目告诉他的读
45 者他将在书中描述的是自然客体或自然事实。在希腊文献史的这个时期，一本有如此标题的书肯定不是一部自然史或叙述自然界

---

① 他很显然生活在公元前 5 世纪初至公元前 4 世纪初，大约可能是公元前 483 年—公元前 375 年（同 Uberweg, Gesch. D. Philos., ed. 12, Berlin, 1926, vol. i, p. 120）。证据可见 Diels, No. 76, vol. ii, pp. 235—66。由这些材料看，高尔吉亚论证过：(1)无物存在；(2)即使有物存在也不可知；(3)即使有人知道某物存在他也说不出他的所知。由此很清楚他的 φύσις 指的是什么。

中有些什么事物的著作，而是一门解释自然的学问，说明导致自然界中的事物如其所表现的那样表现的原则。

这还只是关于 φύσις 一词在所有早期希腊文献及其后大部分文献中的含义的一种辞典学意义上的综述。这个词在希腊语中携带的其他意思，都可以或者还原到它或者可解释为从它派生而出。任何要求它的权威根据的人，都可以在亚里士多德的哲学术语词典[①]中查到对这个词的充足而详尽的处置。我必须在另一处作更详细的讨论。(参见第 80 页及相继页[②])

正如我已说过的，希腊语中的 φύσις 的原本和准确的含义，也是英语中 Nature 的原本和准确的含义：有很好的理由认为，这个英语词汇确实是希腊文的拉丁翻译。举例说，一颗子弹飞过空气因为它尾部的火药爆炸了，我们不会说是“因其本性”而飞动的，因为爆炸不在子弹里。传给子弹的动量是从子弹的外面传过去的，因而子弹的飞行不是子弹的“自然”行为而是强迫行为。但是，假如在子弹的飞行中穿透了一块木板，它之所以能穿过而不是被阻止是因为它足够重，较轻的发射物即使以相同的速度运动也会被阻住，那么，它的穿透力，就它是其重量的功能来讲，是它的“自然”的功能。在这个范围内，穿透木板就是子弹这一方的“自然”行为。

57

爱奥尼亚学派就是这样使用“自然”一词的，恰如我们也依然经常这样使用。一个词的如此使用，并没有让使用者承诺任何科

① *Metaphysics*，Δ，$1014^{b}16-1015^{a}19$.

② 指英文原书页码即中文本边码。本书以后自相征引时提到的页码均如此，不再一一注明。——译者注

学或哲学理论。如果“自然”一词意味着一个事物之行为的内在根源，那么一个使用这个词的人并没有因此而使自己承诺它所表示的任何东西一定存在。有人可能会说，没有“自然”这个东西，但他
46 的意思并不是像高尔吉亚所说的，没有存在着的事物的世界，而是没有事物行为所遵循的内在根源。他可能说，任何事物行为中的每个细节均归于全能上帝的部分的意志的特定运作。在这种情况下，“Nature”一词将仍然在其原义上使用，但任何这类东西的存在性将被否定。

“自然(本性)”一词的应用也没有让使用者就世界上存在的不同的事物是拥有不同的“本性”还是拥有同一个本性的任何理论做出承诺。单单“本性”一词被使用这一事实，无论如何没有对“本性是一还是多?”这个问题给出什么见解。一个使用这个词的人，同等自由地说有一个“本性”或有许多“本性”，对“有多少[本性]”的问题亦没有上限或下限。当然，人们明白“本性是一还是多”的问题并不是指“自然界是事物的一个集合还是多个集合”。这是一个明智的人不会费神去问的问题。它指的是：“我们在世界中发现的各种不同类型的表现，是出自一个原理还是出自许多不同的原理?”

单单使用自然(Nature)一词根本没有使使用者就(相对于拥有它的那些事物的行为而言)被称为“本性”的事物本身是什么，承诺任何理论。因为“自然”在我所称的它的本来意义上，是一个相对的术语。一个事物的“自然”就是在它其中并使它像它所表现的那样表现的东西。当我们这样说的时候，问题依然完全保持着开放：“什么是在它之中并使它像它所表现的那样表现的东西?”说是

“它的本性”，这并没有回答问题，因为说“它的本性使它像它所表现的那样表现”，这完全是同义反复，因而没给出任何信息。这有点像回答“那位女士同谁结婚”的问题时说“她的丈夫”。

在所有这三点上，爱奥尼亚哲学家们都确实保持了明确的观点。他们相信存在某些作为“本性”的东西；他们相信本性是一；而且他们相信，就它与行为表现的关系而言被称为本性的东西，本身是实体或物质。然而，这些都只是哲学的或科学的理论。他们可 47
以放弃其中任何一个理论而不放弃他们对“自然”一词的使用，或者修正其中任何一个理论而不修正他们使用该词时的意思。比如，人们可以说，一个事物之表现的内在原因不是它由以构成的东西，而是它各部分的排列；不是它的“物质”而是它的“形式”。在这种场合，他可以说：“事物的真正本性不是物质而是形式”。但这并不意味着附着在“Nature”一词之上的含义有了变化，所改变的一切只不过是其应用。

这一点必须加以澄清，因为它在非常杰出的学者约翰·伯内特(John Burnet)的著作中被置于一种混乱状态，而研究早期希腊哲学的所有学生都把他视为他们最有价值的向导之一。伯内特说，φύσις(自然)一词“本来是指一个给定事物所由构成的特种质料。比如，木质的东西有一个 φύσις，岩石有另一个，肌肉和血液有第三个。米利都学派寻求所有事物的 φύσις”(*Greek Philosophy, Thales to Plato*, London, 1920, p. 27)。这就像说，杜太太的“丈夫”是约翰·杜，而罗太太的是理查德·罗。正确，但却有误导。杜太太和罗太太在什么使一个男人成为丈夫问题上意见一致，她们都同意答案是他和某位妇女之间有一种特殊的关系。在第一个例子中，她们每人都主要关心这种关系的一个例子即涉及她们自己的例子。所以，当杜夫人喊“丈夫”时她的意思是喊约翰，而当罗夫人喊“丈夫”时她的意思是喊理查德。这不是因为她们用不同的含义来使用“丈夫”这个词，而是因为她们是和不同的人结婚。所以，当伯内特说“米利都学派相信在这三种形式中（固体、液体和气体）出现的”“是一个东西，而这，正如我所主张的，他们称为 φύσις”（引文同前）时，他说的相当正确，但它是误导的，并且实际上已经误导了他本人。他认为他已经探查到 φύσις 一词的一个特别的和“原本的”含义。这是一个错觉。他仅仅探查到一种情形，在这个情形中，这个词被运用于一个特别的事物，即普遍的原初物质；出于一个特别的理由，即所有表现都有一个内在根源而“自然”被认为就是这个内在根源。正像杜夫人把“丈夫”一词用于一个特定的
48 男人，一个高个、瘦削、胡子刮得光光的男人，出于一个特定的理由，即她同他结婚了。

伯内特所讨论的并不是关于 φύσις 一词的含义——他认为是——而是关于对某种事物的发现，针对这种事物，该词被认为能够正确的并且以其日常的含义使用。正像伯内特所正确地说出的，爱奥尼亚学派运用这个词于所有事物由以构成的东西之上。为了被应用，这个词必须已经具有一种为了讲话和写作的用途而建立起来的含义；这就像，如果杜夫人说“约翰是我的丈夫”，“丈夫”一词在她使用时就必须已经具有其自身的含义，而不能仅仅是约翰的另一个名字。早期希腊语中 φύσις 一词所指的是什么，伯内特似乎并没有追问；他仅仅问了各种不同的人用它来指什么东西。

第二章　毕达哥拉斯学派 49

一　毕达哥拉斯

毕达哥拉斯(Pythagoras)是希腊思想史上最重要的人物之一。他也是最模糊的人之一。我们的古代权威著作在他的传记中给了我们一个标志日期的事件，并且只有一个：即，他由于反对暴君波里克拉底(Polycrates)的开始于公元前 532 年的统治，而离开他的出生地萨莫斯并移居南意大利。我们还得知，他定居在克罗顿的卡拉布里亚(Calabrian)海岸，并且在那里创立了一个有着严格生活约束的社团，其功能部分是宗教的，部分是科学和哲学的，部分是政治的。人们假定，在他足够年长到有自己的想法之前他应该不可能因为这类原因而离开萨莫斯。基于这样的假定，古代的作者假设当波里克拉底开始暴政的时候，毕达哥拉斯已经达到了思想上的成熟，他们称之为 ἀκμή(鼎盛年)，并且不无随意地定在 40 岁。这就把毕达哥拉斯的生年定在了大约[公元前]572 年，但这完全是猜测。他被认为死于大约 497 年，但很显然这又是一个猜测，基于他活了 75 岁这个假定。

克罗顿的毕达哥拉斯派社团有一段急风骤雨的历史，在公元前 5 世纪中期之后最终解散了。残存者向希腊世界的不同部分撒

播毕达哥拉斯学派的传统并使之留存，但似乎从没有人把它写下来，而且毕达哥拉斯本人也没写什么东西。因此，当亚里士多德开始写希腊思想史的时候，他发现自己无法把毕达哥拉斯同他的追随者的思想区分开来，同样，也无法区分他的早期追随者和那些非常晚期的毕达哥拉斯学派成员的思想。到今天，尽管经过数代学者的艰苦工作，“毕达哥拉斯主义”依然只是一个闪烁不定和无定形的学说群的名字，其学说的某些部分可以追寻到公元前 5 世纪，另一些部分早到公元前 4 世纪，其余的不早于公元初年。

50 这里，我们仅仅涉及这个学说群中宇宙论的因素。我将试着把毕达哥拉斯本人处理自然问题的方式整理成一个粗略的纲要，除了极少数地方外，总体上是推测的，而且未得到古代权威作者的支持。

在萨莫斯度过的青年时代，毕达哥拉斯大概是在爱奥尼亚的科学气氛中成长起来的。他肯定是在泰勒士死前出生的，并且他在萨莫斯的青年时期也许部分地落在阿那克西曼德的在世时间里，全部在阿那克西米尼的生年之内。无论如何，爱奥尼亚学派的学说远比它的创始者存在得久，并且一直到公元前 5 世纪还在讲授。因此，即使毕达哥拉斯不是这个学派早期三位大师的学生，也不能说他没有受他们思想的任何影响。事实上，从我们所知道的毕达哥拉斯主义来说，它必定是由一个精通爱奥尼亚自然科学的人来创造的，这个人的全部知识生涯以后者为先决条件，一半是肯定的，一半是否定的：他在某些点上接受了它的教诲并使之不朽，在某些点上，他明确地批判了它。

毕达哥拉斯的宇宙志，或世界图像，表明毕达哥拉斯在这方面是一个真正的爱奥尼亚学派的信徒。同阿那克西米尼一样，他把世界勾画成悬浮在无边的三维蒸汽海洋中，并从中吸取养分。又同阿那克西曼德和阿那克西米尼一样，他把它想象成这种蒸汽的一个旋转着的核，地球就在它的中心。这种旋涡运动产生和分离出对立面。他自己做出的一个新发现似乎是，大地是球形的。

在他的宇宙论或关于这个图像的理论解说中，毕达哥拉斯开辟了一个新天地，得出了重要的结论。在这一点上，毕达哥拉斯和他的前辈的分歧是这样的明确，以至于我们可以相当可靠的猜测他的思想实际上是如何演变的。

他一定看到了在他们的原初物质概念里，爱奥尼亚学派处在进退维谷的境地。如果他们试着给出任何对它的明确说明，比如认定它是水或气或类似的东西，那么，他们是在追问一个不可能有答案的问题：不是因为我们碰巧不知道哪一个候选者是对的，而是因为，任何一个候选者对作为整体的理论来说都是致命的。假如所
有事物的确是由原初物质构成的，那么原初物质就不可能更像由它 51
构成的事物中的这一个，而不是另一个：水不会比雾或火或土更像原初物质。事实上，它必定在整体上缺乏固有的性质（正如阿那克西曼德已经看到的那样），所以，当有人试图用肯定性术语而非否定性术语对它说点什么的时候，他能够说的最多就是它占据着空间。

然而，如果爱奥尼亚学派选择另一种可能，主张原初物质没有任何固有性质，那么他们会面临另一个进退两难的境地。这种选择就必须主张，就像毕达哥拉斯最切近的老师阿那克西米尼所主张的那样，原初物质通过稀释和凝聚变成火、雾、水或土。但这种稀释和凝聚意味着物质自身和它所占据的空间之间的一个区分。

它意味着，不同数目的物质将进入同一空间，而同一数目的物质又可能占据更大或更小的空间。但如果物质是整体上不确定的或者缺乏特定的特征，那么它如何同它所占据的空间区别开来呢？它的一个立方英尺不是一个特定东西的立方英尺，并且也没有办法把它同一个立方英尺的虚空相区别。沿着这条线索，人们得到了爱奥尼亚宇宙论的归谬：物质的概念无法同虚空的概念相区别，于是，整个理论大厦倒塌了。

但毕达哥拉斯并没有满足于将问题推到此处。他的爱奥尼亚先辈们已经在几何方面取得了可观的进步，而他自己在这门科学上更有卓越的天才。他发现——在此之前一直被人忽视——在宇宙论问题和几何学成就之间有一种可能的联系。不同的几何图形有着质的差异，尽管——都只是空间形状——它们没有任何物质的特殊性，仅有形式上的特殊性。建立在这个新的基础之上，毕达哥拉斯提出，自然中质的差异依赖于几何结构的差异。不管怎么说这就是毕达哥拉斯学派的理论，并且我们把它归于毕达哥拉斯本人也不会有错。新理论的观点是，我们从此无须再为原初物质

52 是什么的问题所困扰。这个问题并不重要。我们也无须把与空间本身的特征不同的任何特征指派给它：所有我们必须指派给它的，就是它被几何构形的能力。事物个别的和全体的成为它们之所是所凭借的事物本性(nature)，就是几何结构或形式。

这是对爱奥尼亚理论的一个巨大发展。爱奥尼亚学者已经无法解释不同种类事物之间的差异。这种差异不可能基于物质，因为物质是均一和无差别的。它们不仅无论如何会被当作“非自然的”并且是任意地从外部强加的，而且，即使这种从外部的强加也

是不可能的，如果物质的凝聚和稀释是不可能的话（似乎是这么回事）。对泰勒士来说，一个活动的磁铁和一个活动的虫都是水并且只是水。那为什么它们中的一个表现得像磁铁，而另一个却像条虫呢？一种爱奥尼亚的理论不能给出任何答案：它事实上不得不否认有像磁铁本性或虫本性这些东西的存在，也就是，不得不否认一个磁铁或一条虫的特征性行为对它而言是本性的。但是，假定一个磁铁之为一个磁铁，一条虫子之为一条虫子是因为它们各自的几何结构，并且假定事物的本性只意味着这种几何结构，那么，每种行为的模式对这种事物来说就是本性。于是，在原理上，毕达哥拉斯使爱奥尼亚人发现不能回答的问题有可能回答；在实践上，他的确也给了这种类型的问题以有效和完好的回答。

他是在声学领域取得这些成就的。他指出，一个音符和另一个音符之间的差别不依赖于发出这些音符的弦所由构成的物质，而只依赖于它们的振动频率：也就是说，依赖于任一给定弦，按有规则的节律所不断呈现出的确定的几何形状系列。改变这种节律的速度，你就改变了音符；在两个不同的弦中发出相同的频率，你就使它们产生相同的音符。他还进一步指出：在音程中“和谐”[1]的品质与相应比例的数学简单性之间存在有意义的联系。比例1∶2，2∶3，3∶4，就产生出“和谐”的音程；更大的比例在同一音列 53
中就变得越来越不和谐了，尽管它们各自还是有自身独一无二的音质。从而，毕达哥拉斯发现了用数学术语建立一种音乐理论的

① “和谐”和“不和谐”两词在希腊音乐中，并不是指音符在和声中的组合，而是指音符在旋律之中的相继；当然，在和声被发明之后，同样的规则也被发现适用得很好。

可能性：不仅是一种解释不同音高的声学理论，而且是一种解释和谐与不和谐之区别的美学理论。乐音的“本性”，其声学的本性和美学的本性，均通过对如下假定的推理所说明：一个事物的“本性”——使之如其所表现的那样表现——不是它所由以构成的东西而是它的结构，而结构又可以用数学术语来描述。

毕达哥拉斯主义在其自身流传的时代的伟大成就，就在音乐理论领域这里。不过人们一开始就意识到，这仅仅是它的即将来临的其他胜利的先兆。如果一件乐器可以被看作是几何形状的有节律的复合，那为什么磁铁或虫子就不是呢？并且科学史显示出，原则上毕达哥拉斯是对的。当化学把水的质上的特殊性同公式 H_2O 相关联的时候，这就是毕达哥拉斯原理的进一步应用。并且整个现代物理学，它的光、辐射、原子结构等的数学理论，都是同样思想线索的一种继续，是对毕达哥拉斯观点的一种拥护。当一个现代物理学家说他不知道光是由粒子还是由波构成的——他有时把它想成这样，有时想成那样——但他知道许多关于光的速度、折射等所有能用方程表达出来的知识时，他是在仿效我们可以想象的毕达哥拉斯已经向其弟子们讲述的东西：世界究竟由什么组成这没有什么关系，我们必须研究的是原初物质——不管它可能是什么——采用和承受的模式(Pattern)及其变化。

54 毕达哥拉斯在自然科学中的革命的壮观成就并不难理解，如果人们记得这场革命的要害所在的话。它的要害在于放弃了用事物所由构成的物质或实体来解释事物行为的企图，而尝试用它们的形式，也就是被看成是某种可以给予数学解释的东西即它们的结构，来解释它们的行为。这种态度的改变何以如此成功，其理由是，为了解释事物的行为，我们有必要公平对待不同事物的行为之相似点和它们之间的不同点。用物质的术语来解释如此行为的尝试，不可能同时满足这两方面的要求。如果你在达到一个单一的原初物质之前便住手，你便扔下了只完成一半的任务。如果你推进到底并达到了一个单一的原初物质，你就抹平了所有的差别。物质作为一种本原，不是过于均一就是不够均一。但数学形式是一种这样的本原，它自身分化成诸数学形式的一个多层等级（hierarchy），在其种类上是无穷的：三角形、正方形、五角形……；棱锥体，正方体，十二面体……；比例 1∶2，2∶3，3∶4……等等，以至无穷。由于这种形式系列的系列在自身中包含了它自身分化的根据，就为无数种事物之间的差别提供了一种可能的解释。

毕达哥拉斯主义成功的第二个原因，同时也是论题上更有趣的和哲学上更深刻的原因。爱奥尼亚学派一直同时研究物理学和数学，但是在他们的头脑里，这两者似乎并未有过有效地接触。他们的物理学已经瓦解，因为它诉诸一个原理，即不可知也不可理解的抽象物质。毕达哥拉斯学派或者说毕达哥拉斯本人（无论谁能把一件事情做到如此简洁，那都是一级的天才）指出，爱奥尼亚学派在他们的活动年代的某段时间里制造了一把锁，在其余的时间则制造了适合于这把锁的钥匙。解决物理学问题所需要的是从数学的观点出发进行探讨。物理学的建立所需要的原理，迄今一直徒劳地等同于某些不可理解的东西即物质，现在则等同于那最易理解的东西即数学真理。一旦人们学会了如何数学地思考（并且 55
希腊人已从爱奥尼亚人那儿学会了），很显然，数学便提供了人类精神完全熟悉的一个领域：在这个领域里，比其他领域，更比爱奥

尼亚的天文学预测或宇宙论思辨，更有可能得到清晰而确定的知识。这种特别清晰和确定的知识种类，作为关于事物本质的知识，被毕达哥拉斯学派(也许我们应该说被毕达哥拉斯)，置于地图上一个相当新颖而又即刻令人信服的位置：这种知识不仅关乎事物可能呈现的形状，而且关乎那种给予它们特殊性质以及它们彼此相互区别的东西。这顺带给了数学研究一个强有力的刺激，但它的哲学的重要性更加巨大。它宣告了，事物的本质即那使它们成其所是的东西，是最易于理解的。

所以，当苏格拉底声称伦理概念甚至比数学概念更容易理解时，以及当他或他的学生柏拉图把事物的基本本性等同于善的概念时，这一新的思想运动——尽管在某种程度上它使人们的注意力从数学转移开——在哲学上丝毫没有改变。而且这也是为什么亚里士多德回顾希腊思想史时能够把柏拉图描述成一个毕达哥拉斯主义者的原因。如果形式是某种基本的东西，将自身分化成诸形式的一个多层等级，那么就没有必要假定数学形式——虽然它在它自身内是无限多样的——穷尽了这个多层等级的全部：也许还存在非数学的形式。

二　柏拉图：形式理论

1. 形式的实在性和可理解性

形式——将自己分化成诸形式的一个无限的多层等级——被毕达哥拉斯主义(并且推想起来，是被它的创始人)看成是构成了事物的本性(nature)。正是事物中的形式,使得事物像它们所表现的那样表现、是它们之所是。形式或结构而不是物质或能够接纳形式的东西,从此被等同于本质。相对于它存在于其中的事物的行为来说,形式就是本质或本性。相对于研究它的人类精神来说,形式不是像构成自然界的事物那样可感知的,而是可理解的。
作为诸形式的一个多元体,它所构成的也许可称为一个可理解的 56
世界,*mundus intelligibilis*,νοητὸs τόποs。

这个可理解的世界是完全真实的、并且在任何意义上讲都是真实的。没有什么比如下观点离毕达哥拉斯或柏拉图的思想更远了,即认为圆或善仅仅是我们心中的一个观念,是人类理智的一个创造物(一个 νόημα 或 *ens rationis*)。[在毕达哥拉斯或柏拉图看来],它们像地球、星辰以及其他组成自然界的事物那样,独立于研究它们的人类思想。

如果"真实的"一词指的是"想象的"和"虚幻的"对立面,那么这些"理念"(它们被柏拉图如此称呼)被认为是与身体性的或物质的事物同样"真实"。如果"真实"指的是希腊词 ἀληθέs 的译文,它们更加真实。希腊语中,ἀληθέs 在字义上指非隐藏的、非隐瞒的、非欺骗性。称一个人 ἀληθέs 意味着他是坦白的、直率的、坦诚公开自己为人的,而不是一个伪君子。称一件事物 ἀληθήs 是指它不会欺骗人,使人误认为它是它所不是的东西。当我们说"真实的饰带"或"真的古玩"时,我们指的就是这种意义上的"真实"。

现在,角和圆周是一些其中无任何欺骗的东西。一个数学的圆在希腊意义上是绝对"真实的",这也就是说,它真的是圆形的。

而一个圆盘或杯子不被认作很“真实”的圆，因为陶工不能把它做得非常圆。这就欺骗了眼睛，使之在它不是真圆的时候而以为它是一个真实的圆。

柏拉图的理论认为，可感的东西是不真实的，或者至少远远不如可理解的东西或曰“形式”或曰“理念”来得真实。这种理论对于现代读者们来说很难理解，除非他们不怕麻烦地去区分“real”一词的两种含义。如果人们能看到它所意指的正好就是当我们说“这条饰带是真的而那条不是”时“真的”一词的含义，那就好理解了。

对柏拉图来说，那些构成自然界的诸事物的易于变化，就是它
们“不真实”的一种证据：不仅在外力作用时它们变化，而且自身也
变化，从而显示出它们自身本质上是转瞬即逝的：他说，γιγνόμενα
57 (变化)不是 ὄντα(实在)。这说明它们是不真实的，因为它们对它
们的表面特征的执着是不可靠的。比如说，太阳是一个正在死的太阳，而这个说法仅仅是指出在它之中有着非太阳甚至反太阳的特征——逐步克服和取代它的太阳特征——的一种方式。它不是一个彻头彻尾的太阳。刚好在此刻盛行于其中的太阳特征，是一个完全由短暂阶段(passing phase)所构成的存在者之中的一个短暂阶段。如果柏拉图称太阳不真实，他不是指当我们说“有一个太阳”时事实上却没有任何东西。他指的是，这里真实存在的事物并不肯定和公开地拥有当我们称它为太阳时我们认为它拥有的性质：太阳仅仅暂时享有这些性质。它们不是太阳的不可剥夺的特性。我们认为它们是，但我们受骗了。

将这与数学三角或数学圆中的事物状态比较一下。三角形在

自身内不含有任何隐藏着的非三角形因素;圆,则不隐藏着任何非圆的因素。如果一个可感的物体如一块铁是热的,它也只是在某种程度上热。说它不是更热等于是说仍然有某些冷的因素在里头。即使是在太阳之中,对立面热和冷同时并存,并且如果一方隐藏起来了,也不能因此说没有这一方。但三角形或圆不包含同它自身对立的性质。它是纯粹的或独一无二的它之所是。这也同样适用于所有“理念”或“形式”或“可理解者”,它们都独一无二地是其所是。而对于所有的可感事物或身体类事物(bodily things),真实情况却是,它们是“它们所是的东西”——它们的表面特征,我称之为事物(things)——与“它们所不是的东西”亦即它们表面特征的对立面的混合物。

2. 形式起初被看成是内在的,后来是超越的

这是我们找出在柏拉图的著作中“可感者”和“可理解者”相关
联的一种途径,至少是部分的途径。这种关联的希腊观念似乎有
两个阶段。在第一个阶段,可理解的形式或“理念”似乎只是一件
事物的形式因素或结构,这个事物从整体上看,是由以特定方式组
织起来的物质所组成的。物质承受着形式和组织:形式是物质被
组织的方式。由自然事物聚集而成的世界,贯穿其构造,是物质和 58
形式的一种复合体。世界无处不是有形式的物质,物质无处不体
现着形式。在世界之外,就像爱奥尼亚学派所相信的那样,也许有
无限多未赋予形式的物质。但这并不是说也存在无实体的形式。
形式是整体上内在于世界的。可理解的形式的存在,仅仅在于使
得它所内在于其中的世界成为可理解的。

除了这个观点外，我们还在希腊哲学文献中发现有“形式是超越”的观点。这里，形式的存在被认为不在可感的自然界中，而是“因其自身”(αὐτὸ καθ' αὑτό)在一个分离的世界里：不是物质事物的可感世界，而是纯粹形式的可理解世界。

关于形式是超越的这种观点，被柏拉图在《会饮篇》和《斐多篇》中进行了强有力地和详细地陈述。对柏拉图对话的语言进行统计分析的学者们，带着一种确定它们相对日期的眼光，已经把这两个对话放在紧挨着的位置，并把它们归入柏拉图作品中被他们所划分的四“组”的第二组。无论在柏拉图作品的“风格测量术”(stylometry)的进一步具体发展中将出现什么新的观点[①]，现代学者们都同意《会饮篇》和《斐多篇》是写于公元前 385 年或不久之
59 后，当时柏拉图刚刚建立起他的学园，并且年龄在 40 到 45 岁之间。

① Lutoslawski, *The Origin and Growth of Plato's Logic*(London, 1897)。卢托斯拉斯基给出的四组的名字(pp. 162—83)是：(1)苏格拉底组(《申辩篇》,《尤泰费罗篇》,《克里托篇》,《卡米第斯篇》,《拉开斯篇》,《普罗泰哥拉篇》,《美诺篇》,《尤泰第姆斯篇》,《高尔吉亚篇》)；(2)柏拉图早期组(《克拉底洛篇》,《会饮篇》,《斐多篇》,《理想国》第 1 卷)；(3)柏拉图中期组(《理想国》第 2—10 卷,《费得罗篇》,《泰阿泰德篇》,《巴门尼德篇》)；(4)晚期组(《智者篇》,《政治家篇》,《斐利布斯篇》,《蒂迈欧篇》,《克利提亚篇》,《法律篇》)。卢托斯拉斯基的工作是刘易斯·坎贝尔(Lewis Campbell)于 1867 年着手的工作的继续和深入发展。现在一般都认为坎贝尔的方法原则上是合理的，通过运用这些方法，柏拉图对话的编年表的主要线索已被明确地建立起来了。泰勒(A. E. Taylor, *Plato*, 1926, p. 19)指责卢托斯拉斯基在标记每个对话之间顺序关系的“尝试中将一个合理的原则推到谬误的地步”，但接受“在以《理想国》为主要作品的前期对话系列与后期系列之间的明显的判别”，并且结合到自己的著作中。罗斑(L. Robin, *Platon*, Paris, 1935, p. 37)实际上既同意坎贝尔的方法是合理的，又同意卢托斯拉斯基由于该方法的魅力而被引到了非常细节的程度，而这个细节无法得到证明。

385 年这个时间是参照《会饮篇》中提到的发生在那一年的一个事件而定的。

3. 形式的超越性是一个柏拉图主义的概念吗?

内在的形式概念有可能是原始的概念:在数学形式和自然界的情形中,是原始的毕达哥拉斯主义的概念;在伦理形式和人类行为的世界的情形中,是原始的苏格拉底的观念。这似乎有着一般的根据。看起来很自然,当人们第一次思考形式及其与物质的关系时,他们开始会把它想成与物质的相关的,并且想成仅仅存在于具有质料因素的事物中。也许是柏拉图第一次抛开了这种原始的概念,第一次发展了形式是超越的思想。

在考察也许可用来支持这个假定的证据之前,我将试着把这个假定本身界定得更准确一些。必须记住两个限制条件:

首先,必须清楚,内在性和超越性并不是相互排斥的概念。我已经在论及泰勒士的超越的魔术师—神和阿那克西曼德的内在的世界—神之间的既不相同又相互关联时指出过(参见第 34 页脚注 1),一个纯粹超越的神学就像一个纯粹内在的神学一样,很难在思想史上找到。所有的神学事实上既有超越的又有内在的因素在里头,尽管在这种或那种情况下,这种或那种因素可能被模糊或受到抑制。神学中的这种情况同样适用于像形式这样的形而上学的概念。于是,我们正在考虑的假定,就不是形式的一个纯粹的内在性概念被一个纯粹的超越性概念所取代,而是指内在性在其中被强调的概念让位于超越性在其中被强调的概念:相对说来,未被强调的因素决没有被舍弃,或者说,顶多也就是被某些相当无能和糊涂的人所舍弃。

第二,必须清楚,像"发现"、"第一"或"新奇"等词,当被用于与

60 哲学史相联系时，往往带有相当特殊的意义。一般来说，如果你问一个被认为在四十岁“做出了一个哲学发现”的人，他会告诉你说，那件据说是他发现的东西，他已经知道了很长时间，也许是他的一生；他在四十岁所做的并不是发现它，而是第一次看出，或者说比从前更清楚更详细地看出，它与其他别的事物的联系；或者以一个新的眼光看出这些联系是有用的或清楚明白的联系，而这些联系在此之前是使人糊涂和令人厌烦的。一般来说，一个被认为已“做出一个哲学发现”的人会告诉你——如果你问他的话——他的思想来自某种别人已经写出或说出过的东西。至于这个先驱者是否充分理解他所写或所讲的则不一定。如果他理解，这个发现就属于他，而不属于得到了这个荣誉的人。即使他不理解，他也应该分享某些荣誉。我认为，一般来说，一个人在多大程度上愿意把早已知道这个发现的荣誉给另一个人或他自己的过去，取决于他在承认受惠于别人或他现在的自己受惠于过去的自己时的慷慨、公正和心甘情愿，或者取决于这些品质的对立面。历史上，总有这样一些受惠于人的欠债，不管它们是否被承认。一个人也许心理上没有能力承认它们，理智上却能够做出重要的发现，但这只是例外。正常情况下，重要的发现是由那些在这些问题上心理状况健康的人做出的。如果一个人由相对内在的形式概念转到相对超越的形式概念，从而完成了哲学上重大的一步，而他就是写柏拉图对话录的那个人，那么他就是一个非常谦逊而又非常幽默的人，是世界上最后一个有权因为他自己的发现而要求排他性荣誉的人，是一个对自己在发展先驱者的思想时受于他们的恩惠不是低估而可能是高估的人，这些先驱者就是由他在他的戏剧舞台上如此生动而易

于接受地带到我们面前的。

于是，我们正在考虑的假定限制性地变成了两部分。第一，在早期毕达哥拉斯主义中，数学形式被基本上但非排它的看作是内在的，而柏拉图造就并巩固了（尽管他既不是绝对地原创，也不相信自己是绝对地原创）一个基本上（但并非排他的）超越的形式概 61
念；第二，在苏格拉底的人文哲学那里，伦理形式被认为基本上（但不是排他的）是内在的，而柏拉图用同样的方式，并且经受同样的限定，造就并巩固了一个基本上超越的形式概念。

4. 分有和模仿

关于第一点，在亚里士多德的《形而上学》987b11—13 中有一条奇怪的证据：οἱ μὲν γὰρ Πυθαγόρειοι μιμήσει τὰ ὄντα φασὶν εἶναι τῶν ἀριθμῶν, Πλάτων δὲ μεθέξει, τοὔνομα μεταβαλών（毕达哥拉斯学派说事物**模仿**数；柏拉图则说它们**分有**数：这只是用语上的变化）。这出现在有关柏拉图哲学的一个片断中，并且把它描述成在一般特征上很像毕达哥拉斯主义而在某些特定方面与之不同。一般的相似性并不意味着从属关系，因为亚里士多德本人在这同一段的开头也说，柏拉图的哲学是在早期与赫拉克利特学派的克拉底洛(Cratylus)的接触以及之后与苏格拉底的协作中衍生出来的（《形而上学》987^{a}32 以后）。这一片断之所以奇怪是因为，“模仿”意味着超越性，而“分有”意味着内在性。正是由于这个原因，大卫·罗斯爵士在他对这一句的注释中（David Ross, *Aristotle's Metaphysics*, Oxford, 1924, vol. i, p. 162），称“亚里士多德把从 μίμησις（模仿）到 μέθεξις（分有）的变化描述成只是用语上的变化是令人惊奇的”。除非柏拉图术语的改变意在凸现这样的事实，即毕达哥拉斯学派提出了一个形式的内在性理论但却使用了意味着超越性理论的词汇，那样才不会令人吃惊。在那种情况下，一个想要提出一种超越性理论的后毕达哥拉斯主义者，就会发现有必要比他的先辈们更清楚地区分超越性语言和内在性语言，并且会非常有理由地批评毕达哥拉斯主义者，因为当他们意指内在性时说的却是超越性。

这里有一个独立的证据可以证明，当柏拉图开始提出他自己
的超越性理论时，他发现了一个合适的术语。这个术语业已存在，
只是用于不同的用途。众所周知，在《斐多篇》中，超越性术语如
αὐτὸ ὃ ἔστι（自在）和 αὐτὸ καθ' αὐτό（自身）被不作解释地自由使用，
62 就好像已经很为人熟悉似的。至于这指的是公元前 399 年苏格拉
底的听众圈子熟悉它们，还是公元前 385 年柏拉图的读者圈子熟悉它们，则是另一个问题。尽管这个隐含着的对超越性用语的熟悉是很明显的，但更加明显的是，这里并没有隐含着对“苏格拉底”使用它来表达的超越性理论的熟悉。公元前 399 年或 385 年的听众，要么已经习惯于听用超越性用语来表达一种非常不完善、但又经过慎重考虑的超越性理论，要么他们已经听过它被用于表达一种内在性理论。但这两种选择并不真的截然不同。把 μίμησις（模仿）或 μέθεξις（分有）、αὐτὸ ὃ ἔστιν（自在）或 αὐτὸ καθ' αὐτό（自身）以及别的什么用词说成是“超越性语言”或“内在性语言”，好像它们的使用仅仅意味着超越性或内在性，这是某种过分的简单化。超越性和内在性相互暗含，因此，表明超越性的 μίμησις（模仿）暗含了内在性，而表明内在性的 μέθεξις（分有）则暗含超越性。

说一个事物“分有”形式或“分享”形式，是用了一个合法的隐喻。它在这个语境中的确切意义难以估计。被隐喻使用的合法概念是共同所有权的概念。动词 μετέχειν（分有）一般说来有双重宾语，一个是分享者的宾格宾语，一个是被分享者的所有格宾语。因此，说一朵玫瑰“分有红色”，就是说在玫瑰中有红色，红色因而内在于玫瑰。但这还意味着存在另外的红色不为这朵玫瑰所享有，从而是外在于它的。无疑，红色的其他分享者在别的玫瑰中。但是人们在这个隐喻中力图描述的是诸事物的一种状况，在这里，同一种颜色，红色，在不同的玫瑰中被发现，但不论在何处发现，它仍是同一种颜色。当人们说所有这些玫瑰都享有它们的“红色”时，就包含以上这种含义。人们甚至暗含这样的意思，即这个称为“红色”的不可分的单一事物不依赖于是否真的存在任何玫瑰。正如“我在西线大铁路有一份股份”这句话表明西线大铁路是可分的，我有它的一份，但它也意味着西线大铁路是一个不可分的单一企业单位，而且这个企业单位不依赖于任何“股东”的存在，如果所有的股东都被废除并被一个社会主义的政府充公了，它仍将是西线 63
大铁路。

如果你说一个事物“模仿”一种形式，你是在说该形式不在事物之中而在其外。但是你也正暗指事物与它所模仿的形式有某些共同的东西，因为任何事物除非它与别的事物有某些共同之处，否则就不能模仿它。它们“所共有的”就是它们“所分享的”。例如，如果你说红色不为诸玫瑰所分享，而是一个单一的不可分的事物，一种独立于世界上所有玫瑰的原型红色，那么你为了描述一个给定的玫瑰与这个原型红色的关系，就得说该玫瑰“模仿”红色。但当你问一朵玫瑰如何能够模仿红色时，你就不得不回答说："由于它本身固有一种颜色，这种颜色足够像红色以至被当成对它的模仿"。而当你问它必须如何相像时，你得回答说"红得像红色一样"。玫瑰能模仿红色仅仅是因为它自身中有红色。正如内在性暗含超越性，超越性也暗含内在性。

5.《巴门尼德篇》。内在性与超越性互相暗含

超越性和内在性的相互暗含不仅是一个真理，而且是一个柏拉图发现并阐述出来的真理，虽然他对它的阐明是在他写下对超越性理论的阐明之后 15 至 20 年间写下的。而且，他对它的发现被足够独特地表述成一段对一个伟人迟到的公正评价，这位伟人在近一个世纪前就已经讲授过它了。

这位伟人就是爱利亚的巴门尼德(Parmenides)。柏拉图把他的发现发表在一篇以巴门尼德的名字命名的对话里，并描写了一段虚构的发生在大约公元前 450 年的巴氏与苏格拉底的对话，从而答谢自己之受惠于这位意大利哲学家。这篇对话写于公元前 369 年之后不久[①]。

年轻的苏格拉底一开始(129[②])便陈述形式的内在性理论并为之辩护，并且描述它和用分有语言所构成的事物之间的关系。
64 巴门尼德回答道，如果严肃对待的话，这种分有语言就迫使你把形

---

① 关于这个日期请参看 A. E. Taylor, *The Parmenides of Plato*, Oxford, 1934, pp. 1—4.

② 指由古典学家斯台丰(Stephone)编定的柏拉图著作的标准页码，本段后面出现的两处页码均如此。——译者注

式看作可分的，这样，你就放弃了它的统一性；然而，如果形式不是一而且不可分，它就什么也不是(131)。年轻的苏格拉底像许多危难中的哲学家那样，躲进一种有限的、特设的主观唯心主义中去：他说形式或许只是思想。巴门尼德翻转手腕，把他从这个避难所中拉了出来，但苏格拉底又一次勇于接受挑战，这回，他用模仿语言来阐述超越性理论。巴门尼德(带着这一对话所特有的那种敏捷性和无可置疑性，由此也揭穿了那种认为柏拉图不断增长的对哲学问题的专注正在削弱他作为戏剧家的吸引力之说法的虚妄)回答道，任何事物如果与形式相像，它必须与形式有某些共同的东西，这种“共同的东西”是第二种形式，当然是内在的。若要将这种内在形式转变成一种超越的形式，你又需要第三种形式，等等；这样从内在性(分有)到超越性(模仿)的转化并未解决我们的问题(132—3)。

对于分开来、作为片面的和相互排斥的理论的内在性理论和超越性理论的反驳，巴门尼德的论证均是决定性的。但它们若反对一种内在性与超越性在其中相互关联且相互暗含的理论，就没有任何力度。阅读它们的人经常自以为，这样的第三种理论是不可能的；任何形式理论必定不是片面的内在性理论，就是片面的超越性理论；既然这两种情况都被巴门尼德驳倒了，那么“柏拉图的形式理论”也就破产了。但这是错误的。巴门尼德所给出的并不是形式理论不可靠，而是当你试图用内在性的用语陈述这样一种理论时，你正暗指了超越性，当你试图用超越性的用语陈述它时，你正暗指了内在性。

因此，从我们所拥有的证据来看似乎是(我没说被证明是，但也许可能)，最初的毕达哥拉斯派关于自然界中的形式概念，尽管不是排他地但主要地用内在性的用语建构起来，超越性的成分可能主要出现在词汇的选择中；柏拉图比他的前辈更清楚地区分了
65 这两种成分，并在开始时强调被忽略的成分(也许过分强调了它)。后来，柏拉图似乎意识到这两个成分在逻辑上是相互依赖的。

关于苏格拉底人类活动的世界中的形式概念，情况似乎也是如此。再次引用亚里士多德的话(*Met.* 1078b30—1)："苏格拉底并没有使共相或定义成为可分离的，但其他人分离了它们" ὁ μὲν Σωκράτης τὰ καθόλου οὐ χωριστὰ ἐποίει οὐδὲ τοὺς ὁρισμούς· οἱ δ' ἐχώρισαν. 亚里士多德所说的"其他人"指的是柏拉图。这种说法为某种理论所否定，这种理论认为，在柏拉图的对话中，或者至少在他的某一组包含《会饮篇》、《斐多篇》和《理想国》的对话中，"苏格拉底"的观点确实是苏格拉底本人所主张的观点。根据这个理论，在这三篇对话中阐述的超越性概念必定本来就是苏格拉底的，并且亚里士多德这一句话中所显示的苏格拉底的内在性与柏拉图的超越性的对立，一定是错觉。不过大卫·罗斯(David Ross)爵士把 *M* 卷中的这一段与 *A* 卷中实际上是完全一样的一段做了比较，从而决定性地显示出(*Aristotle's Metaphysics*, cit., ii. 420—1)"其他人"确实指的是柏拉图，而且亚里士多德在这里告诉我们说，伦理学的形式被苏格拉底看作是内在的，被柏拉图看成是超越的。

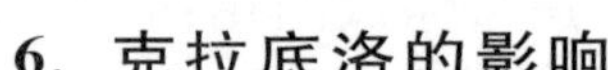

6. 克拉底洛的影响

如果毕达哥拉斯主义和苏格拉底哲学中的形式概念起初是一个内在性的概念，那是什么驱使柏拉图走向另一个极端的呢？亚里

士多德说(*Met.* 987a32)，柏拉图在青年时代从克拉底洛那里学习了赫拉克利特的思想。在别处(*Met.* 1010a7)他还告诉我们，许多人从赫拉克利特的宇宙流变理论中出发，得出了怀疑论的结论：如果所有事物都在不断地变化，那么关于任何事物的陈述都不可能是真的(περί γε τὸ πάντῃ πάντως μεταβάλλον οὐκ ἐνδέχεσθαι ἀληθεύειν)。亚里士多德说，克拉底洛于是最后下决心什么也不说：他只是摆摆手指(οὐθὲν ᾤετο δεῖν λέγειν ἀλλὰ τὸν δάκτυλον ἐκίνει μόνον)。

如果柏拉图的确曾受过这种怀疑论的影响，那么当然是苏格拉底将其从中解救出来的。一个人如果基于哲学的理由而放弃说 66
话，只让自己指指点点，那么理智的人类通常的兴趣，在他那里一定已被一种只会杀死其宿主的哲学的寄生般的增长所扼杀。苏格拉底是相反类型的哲学家，他的哲学澄清并增强了它所出自的那种兴趣，尤其是对 λόγοι(逻各斯)的兴趣，而这就是克拉底洛已经放弃了的东西：作为交谈的 λόγοι，作为陈述的 λόγοι，作为定义的 λόγοι，作为论证的 λόγοι，作为理由的 λόγοι，作为比例、比率或形式的 λόγοι。对于一个已经与苏格拉底丰富多样、精力充沛的智识生活有过接触的年轻人，回忆克拉底洛一定就像回忆一个幽灵一样。在回顾时，克拉底洛肯定像一个这样的人，他已经犯了思想上的自杀罪，因为他抓住了棍子错误的一头，而且没有意志力去放弃；而苏格拉底相反，显然是一个这样的人，他生活着并且朝气蓬勃，对于智识生活有着强烈的爱好，因为棍子的他这一头是正确的一头。

这个反差很显然跟如下的事实有关系，即克拉底洛被我们所感知到的自然界所困扰。可感知的世界，正如爱奥尼亚学派知道

的，是一个不断变化的世界。赫拉克利特说过——爱奥尼亚传统也是如此——你不可能两次踏进同一条河流。克拉底洛说——这是他保留下来的仅有的话——赫拉克利特错误地认为你可以踏进一条河流一次（Aristotle，*Met.* 1010a15）。由可感知者所造成的困扰，已将他引向了威廉·詹姆斯（W. James）也被引向的地方。世界已经被融化成一个“嗡嗡作响、繁荣茂盛的混乱”。柏拉图在克拉底洛指导下学到的东西相当明显地是纯粹的实验知识，这种知识就是在你让自己被可感知者迷住的时候正好碰到的东西。我说“相当明显地”，是因为柏拉图的作品中对之没有留下任何怀疑。柏拉图再三向我们生动地描述可感知者如抓举、摇抖、不停地翻滚，其中的事物一旦呈现一个确定的形状就又丧失掉。思想在这里没有为其脚掌找到休息之处。没有什么可知的东西，因为没有什么是确定的。无论苏格拉底多么意识到可感知世界的这种抓
67 举、摇动的混乱，他都没有被其所迷住，因为在柏拉图发现的他所从事的伦理探究中，他并没有让自己关心包含在其中的心理过程，比如一个人想成为勇敢者的企图，而是关心在这个企图中这个人置于他本人面前的勇敢的观念。苏格拉底会问，什么是勇敢？什么是它的 λόγος（逻各斯），它的定义？通过什么样的 λόγος、什么样的思维过程、推理过程、论证过程，我们可以尝试发现这个定义？摇摆手指在这里既无好处，也没必要。它没有好处，因为它没有使你更加理解勇敢的本质；它没有必要，因为勇敢并不是心理过程的一个转变阶段，它是一个人们在这个心理过程的发展中一直稳定保持在自己面前的理念。

亚里士多德说，苏格拉底“没有分离”一个与勇敢相似的形式，

他把这样的形式看成是在它借以显示的“机缘”(occasion)中的“要素”(ingredient,我使用怀特海的术语)。这是形式的内在性理论,是柏拉图的《巴门尼德篇》中“青年苏格拉底”一开始提出的理论。我猜想,柏拉图由这个内在性向他自己的超越性理论的转变,是由于他感到有必要保护自己以抵抗克拉底洛的思想遗迹。如果勇敢的形式完全是内在的,如果它只是一时呈现的一个短暂的形式,而且接着就被抓举、摇抖的混乱(我们称之为包含在成为勇敢的尝试中的心理过程)所放弃,那么,这个形式的统一性或不可分性就丧失了。为了保证存在“我们称为勇敢的事物”(这是柏拉图作品中常见的术语),我们在一种场合下称为勇敢的事物必须与我们在另一种场合下称为勇敢的事物相同,并且一个人在试着成为勇敢的时候他置于自己面前作为理念的那个事物,必须与他在后来成为勇敢的时候他所获得的事物,或他没能成为勇敢的时候他没能获得的事物相同。简而言之,伦理概念的苏格拉底式分析,向苏格拉底本人揭示出这些概念内在于某种类型的活动中,而向柏拉图揭示出同样的概念是超越的:不仅作为某种行动等级的特征,而且作为做出这些行动的人们保持在他们自身面前的理念,这些行动本身对于理念来说,不是作为理念的实例,而且作为理念的近
似。在这种超越性理论的最极端的发展中,不再认为存在或有必 68
要存在任何实例:苏格拉底的伦理形式从未被看成体现在这个或那个行动之中的特征,而总是纯然被看成是理念,是这个或那个行动中行动者的目的。这提供了一个完美的防护以抵御曾经压倒过克拉底洛的怀疑论。柏拉图越是强烈地感觉到克拉底洛在他心中的影响,我们假想,他就越是强烈地强调他自己的形式概念中的超

越性要素。与此同时，很容易相信，他自己的超越性理论和苏格拉底的内在性理论之间的对比反差，对他看起来不如对亚里士多德那样强烈。导致他的超越性理论的那些观念，无疑都已经在苏格拉底的教导中出现过，只是苏格拉底没有经历克拉底洛怀疑论的碾磨，才没有感到有必要挑选它们、把它们焊接到一起并把它们组织成一个谨慎构架和谨慎保持着的超越性理论。这就是为什么柏拉图在《会饮篇》和《斐多篇》中能够借苏格拉底之口说出那个理论的原因，按照亚里士多德，正是这个理论构成了柏拉图自己与苏格拉底教诲的主要分歧。

当克拉底洛在柏拉图心中的早期影响通过这些方法被克服之后，他可以看到《会饮篇》和《斐多篇》中的超越性理论其实是一个夸大之词。从此再没有必要挑选苏格拉底思想中的超越性要素予以特别的强调，因为这种挑选以及这种强调已经完成了使命。这就是他在写《巴门尼德篇》时的心境。

7．巴门尼德的影响

很难说巴门尼德本人和他所建立的爱利亚学派对柏拉图的早期发展是否有过积极地影响。亚里士多德没有帮助我们。柏拉图本人也没有帮助我们很多。但很有可能是，柏拉图中前期的超越性理论以爱利亚学派的教导为条件。巴门尼德在许多流传到我们手上的相当多的残篇中，对思想的两条道路做了区分：真理之路和信念之路。信念被认为不包含任何真理：信念就是被欺骗，而且信念
69 之路意味着这样的思想之路，思想者在其中系统地、不间断地被哄骗。

在这个导言里，巴门尼德已经提出了一种超越性理论。他已

经告诉他的读者说，真理不是内在于信念的，作为某种酵素使错误发酵成团。信念只是信念，因而是纯粹的错误。真理与此完全不同，而且没有义务与之妥协。真理必须通过纯粹的思想达到，而纯粹的思想不关注信念的貌似有理。这里，巴门尼德正在发表一种可称为方法论或认识论的超越性概念。按照这种概念，思想作为对真理的成功地追求，以超越的方式与对真理的不成功的追求相关联，这种不成功的追求称为信念。

这引向了世界的超越性概念的话题。巴门尼德论证说，存在者不可能在过去成为存在，也不可能在未来毁灭。它必须是一。也就是说，除存在者外没有任何东西存在。这里“存在的一”意味着物理或物质的世界。巴门尼德所说的是，这个世界不可能有一个开端或一个终结，它必定是永恒的，而且它不可能在它的里面或外面有任何空的空间。世界是一个连续、均匀、不可分的“充实体”(plenum)，它本身或它之中都不可能有运动。这是实在的世界、真实的世界，是我们在清晰的思考时所认识到的世界，换而言之，是可理解的世界。已分化的实体的世界、变化和运动的世界、有生有死的世界——简言之，可感知的世界，是信念的世界。它不是如爱奥尼亚学派所认为的实在，它是我们通过错误的思考而强加于我们自身的错觉。

在柏拉图超越论时期的那些对话中，尤其是在《理想国》中，不可能找不到这种观点的回声。我们在那里找到对两种思想方式的相同的区分，称为知识(ἐπιστήμη)和信念(δόξα)；找到同样的主张：大部分人以为知道的东西只是信念；找到同样的确信：信念是被不稳定和不确定的可感知世界所欺骗，以及同样的确信：唯一的实

70 在,唯一不欺骗我们的事物,是知识的不可感知但可理解的对象。

8. 柏拉图成熟的形式概念

柏拉图与爱利亚学派大相径庭之处在于:在爱利亚学派看来,真实的或可理解的,是一个物理的但却是“自相矛盾”的世界,即这个世界具有的特性与我们在感知到的物理世界中发现的那些特性相反;而在柏拉图看来,真实的或可理解的世界根本不是物理的,它是没有物质的纯形式。物理性在柏拉图那里是可感知者的一个特征,只要是物理的,在那个范围里便不是可理解的。

这种差别也带到了别处。通过将可理解者与形式相等同,柏拉图取消了巴门尼德学派关于在知觉中向我们呈现的物理世界,与在思想中向我们揭示的物理世界之间的区分。换句话说,他取消了我们按照感觉证据所错误地构想的物理世界或自然界,与我们通过纯粹思维所真正认识的同一世界之间的区分。柏拉图的学说认为,所有存在的对这个物理或自然世界的认识,都是通过感觉而被我们认识的,因此感觉并不是对于事物的一种自我欺骗的方式(似乎这些事情能够以一种不同的方式进行更有效的研究),而是研究那些由于总在变化因而没有确定的特征、不能严格地说被认识或被理解的事物的最好方式。没有任何理由让我们可以不去细心地观察它们甚至不去理解它们之中任何可理解的东西,即内在于它们的形式因素。因此,即便在柏拉图最极端的超越论时期,他出于预感,作为对爱利亚学派的反对,也在捍卫我们现在称之为经验的自然科学的东西,这就是对用感觉观察到的自然现象的收集和整理。而当他越过了这个极端的超越论时期之后,他甚至出

于预感捍卫那种远不只是经验的自然科学：这种自然科学不光对粗野的事实进行观察和分类，而且在自然界本身中找到结构或形式的因素，这些因素就其是形式的而言，本身就是可理解的。

这暗示了一种关于形式与自然界之关系的理论，它既不仅仅 71
是超越性理论，亦不仅仅是内在性理论。我已经强调过，超越性和内在性的某种结合一开始就出现在毕达哥拉斯和苏格拉底的形式概念中，但柏拉图看来是第一个对形式的超越概念与内在概念清晰地加以区别的人，并且只有在两者得以清楚区分之后，才会出现它们如何能够结合的问题。看起来柏拉图结合它们所采用的方法是这样的：不论是数学的还是伦理学的形式，当它被十分严格地理解时，是超越的，不是内在的。当我们说一个盘子是圆的，或一个行为是公正的时候，我们从来不是说盘子绝对地圆，行为绝对地公正。绝对的圆是一种纯粹的超越的形式，它为制造这个圆盘的陶工所领会，也为看着那盘子的人所领会。被陶工领会，是因为陶工正试着尽其所能把盘子造成圆的，所以他必须知道所说的圆、绝对的圆是什么；被看着盘子的人领会，是因为那盘子（用柏拉图的话说）使他"回忆起"所说的圆或绝对的圆。在这两种情况下，均存在着盘子与真实的或绝对的圆的一种联结，但这种联结不是内在的。盘子的形状不是真的圆或绝对的圆的一个实例。尽管有许多相反的说法，但柏拉图的形式不是"逻辑的一般"，而且自然界或人类行为世界中与形式形成一—多关系的那些事物不是它的实例，不是我们经常称为它的"个别"的那种东西。盘子的形状不是圆的实例，而是近似于圆的实例。

因此，内在于可感知者中的形式，作为"逻辑的一般"（这些可

感知者是它的实例或“个别”)的形式，不是纯形式，只是这种纯形式的一种近似，因为纯形式只为数学或伦理学的思维所理解。自然事物或人类行为“之中”的结构或形式，构成它们的本质，是它们一般或特殊特性的来源，但不是纯形式自身，而是向着这种纯形式的一种趋近。盘子、轮子和行星轨道的共同点，即内在于它们的、
72 作为它们所分有的东西，不是圆，而是朝着圆的一种趋近。不同的法律判决的共同之处不是公正本身，而是向法庭的一方付出的努力，这种努力使这些判决达到一种公正的判决。这样的努力从来没能完全成功，这就是为什么纯形式保持为超越的原因。如果它们完全成功了，纯形式将既是超越的、又是内在的。因为它们从未完全成功，因此超越的形式保持为纯粹的超越的，而内在的形式保持为仅仅是“模仿”或近似。

相当晚期的新柏拉图主义者，追问为什么这些使纯形式具体化的努力从来没有完全成功，并且说这归结于物质的抗拒——即没有完全柔顺地采纳形式。因此新柏拉图主义者将物质等同于不完美性、有缺陷的组织或(一般而言)罪恶的原因。柏拉图本人的作品中既没表达亦不曾暗含这种思想。对他而言，不存在为什么这样的努力总是部分地失败的问题。它们的确总是部分地失败，但这只是一个简单的事实。

三　柏拉图的宇宙论：《蒂迈欧篇》

在这些概念影响下发展出来的宇宙论，已经由柏拉图在《蒂迈欧篇》中向我们做了陈述。一般都认为，柏拉图在其中提出了自己

的宇宙论观点，但泰勒教授详尽且博学地论证说[1]他并没有这样做，而只是阐述公元前五世纪后期毕达哥拉斯派的学说。就我们目前的目的而言，我们接受哪种假设都无所谓；况且我们越是严肃地看待亚里士多德把柏拉图描述成一个毕达哥拉斯主义者，接受何种假设与任何目的就越不相干。带着这种预告，我将对《蒂迈欧篇》中的宇宙论学说做一个概述。

爱奥尼亚思想的主要线索在如下范围内被再现：物质世界或可感知世界仍然被视为由上帝造出的一个活有机体或动物。但与毕达哥拉斯的革命相一致，强调点已经从物质观念转向形式观念。蒂迈欧从未明确地说上帝用预先存在的物质或在预先存在的物质 73
中造出世界。通篇对话很少强调物质，以至于泰勒教授大胆地宣称《蒂迈欧篇》的宇宙论是一个没有物质的宇宙论，在这个宇宙论之中，每一物质性的东西都被消解为纯形式。这也许走得太远了。无论如何，它已经远到与泰勒自己的《蒂迈欧篇》是毕达哥拉斯派学说的观点相矛盾了，因为其他的材料表明，毕达哥拉斯的宇宙论无疑是用了物质观念的，尽管不是一种可以被稀释和浓缩的物质观念。《蒂迈欧篇》的物质仅仅是那种能呈现几何形式的物质，并且，它所能接受的形式，不依赖于任何这样的物质体现者，而且撇开物质自身组成一个可理解的世界。这个可理解的世界是上帝创造活动的一个先决条件，是永恒和不变的原型，上帝照着它造出短暂和变化的自然界。自然界是一个物质性的有机体或动物，到处充满自发的运动。可理解的世界被称为非物质的有机体或动物：

① Taylor, *A Commentary on Plato's Timaeus* (Oxford, 1928).

它是活的，因为各种形式借助于它们之间辩证的联结而能动地彼此相联系；但没有充满运动，因为运动意味着时间和空间，而在形式世界中没有时间或空间。

问题立即出现了：如果在形式世界中既无空间亦无时间，那它们作为自然界的特征源于何处？因为自然界被称为形式世界的摹本或模仿，人们会期望，在它之中的任何特征都在原型中有一个对应的特征。要回答这个问题，我们必须把时间和空间分开来讨论。

在《蒂迈欧篇》中，空间不与可理解的世界中的任何特征相对应。空间仅仅是用来制造摹本的；它就像雕塑家的黏土或制图员的图纸。《蒂迈欧篇》中的论证没有把空间除去的意思。正如爱奥尼亚学派的宇宙论从断言物质作为一个给定的事实，或者就他们把物质看成是能够浓缩和稀释而言，断言物质和空间作为两个给定的事实一样，《蒂迈欧篇》的宇宙论也是从空间开始的，或者（我们同样可以说）是从物质开始的，因为在这个阶段，物质和空间还
74 没有被区分开来。《蒂迈欧篇》并没像泰勒教授所想的那样排除了物质，相反，它将物质与空间等同起来作为形式的容器，并且预设了物质。当我说空间被预设而且不是被导出的时候，我的意思可以用《蒂迈欧篇》的语言表述出来：对话中并没有试图表明上帝造出了空间。

至于时间，情况就不同了。按照对话中明白说出来的理论，时间不是上帝创造活动的先决条件。它是上帝创造的事物之一。于是它必定是照着某个原型造出来的，就是说，它必须与可理解世界中的某一特征相对应。蒂迈欧说，它与自然界同时产生，这样就不存在创世之前的无事件时间的深渊，而创世本身并不是发生在时

间中的事件：它是一次永恒的行动，而不是一个时间性的事件。按照一种众所周知但却很难懂的说法，时间是作为永恒的运动影像被创造出来的。这是什么意思呢？首先，时间是自然和物质世界的一个特征，而这个世界的每一事物都处在普遍的变化过程中，那么时间也处于那个过程中：它流变或流逝。其次，这个世界中的每一事物都是可理解世界中某些事物的一个摹本，因而时间必定是可理解世界中某些特征的一个摹本，这个特征对应着可感觉世界中时间的流逝。但如此对应的东西是什么呢？不是无时间性(timelessness)，因为那仅仅是一种否定，而且就此而言，是无；它必须是某种肯定的东西。这种肯定的东西是永恒，不是看作仅仅是时间的缺失（当然，更不必说视作时间的无限量），而是看作不含任何变化或流逝的存在模态，因为在其自身存在的每一时刻它都包含了自身所必需的一切东西。

在可感知的世界中，一件事物的总体本性绝不可能立即全部实现。比如，一个动物，睡时和醒时它都同样自然；但它不能同时又睡着又醒着，它只能在不同时间实现其本性的两个部分，一个接着一个地来。在可理解的世界中，所有事物都同时实现其整个本性。比如，一个三角形的所有性质在任何给定的时刻都出现在这个三角形中。三角形的永恒在于它同时拥有它所有的性质，这样它就不需要时间的流逝去一个接一个地实现它们。时间的相继是这个无时间的自我享有的“运动影像”，这种无时间的自我享有表现了可理解世界中每一部分的特征。 75

如果自然界和时间本身一样古老，因而从未在任一给定的时刻产生出来，(我们也许要问)为什么不能把它看作是自己存在且依靠自身的权利存在的呢？为什么我们一定要在它之外寻找一个创造者呢？为什么我们不能把上帝从我们的宇宙论中排除出去呢？蒂迈欧的回答是：整个自然界是一个演变或过程，而所有的演变和过程必须有一个原因（τῷ γενομένῳ φαμὲν ὑπ' αἰτίου τινὸς ἀνάγκην εἶναι γενέσθαι，28C）。对于这种论证，康德会回答说这是诡辩的（或如他所称的，辩证的），因为它误用了一种其专门功用是联系一现象与另一现象的因果范畴，将它用作联系现象的总和与并非现象的某种东西：换而言之，因果关系是一个演变或过程与另一个演变或过程之间的关系，它不能用于联系过程的总和与某种不是过程的东西。从康德的观点看，蒂迈欧关于所有演变必须有一个原因的说法是含糊的。如果所有的演变意指任一给定的演变情形，那么这种说法是真实的，而且原因将是这个演变之前的另一例演变。如果所有演变意指演变的总和——蒂迈欧当然是这么认为的——康德会说，这种说法与其说它是错误的，倒不如说它是完全没有根据的，而且根本上也是无意义的。

但这个批评并没有消除困难。只有当“原因”这个词具有18世纪的含义时，这个批评才适用。这个含义由休谟首先在形而上学中明确建立，即一个事件在另一个被称为结果的事件之先且与之必然地发生联系。对一个希腊人来说，任何事物，只要在“原因”这个词诸多含义的任一意义上，为以“为什么”一词打头的问题提供了一个答案，那它就可以称作“原因”。我们都知道，亚里士多德区分了这个词的四种意义，即四种类型或等级的原因：质料因、形式因、动力因和目的因。它们中任何一个都不被看作是在时间上先于其结果的事件。即便是动力因，亚里士多德也不认为它是一

个事件，而是作为力量所在的一个实体：于是，一个新有机体的动
力因不是生殖事件或行动，而是实施那个行动的亲体。因此，如果
我们问为什么存在一个自然界，那么我们所问的问题并不必然包
含这样的谬误，即将康德和休谟所理解的那种因果性范畴，运用于 76
现象界之外和可能经验领域之外的某件事情上。事实上，我们问的问题连康德本人也认为问得合理，他还对此做了一个非常原创和重要的回答：知性造就自然；一旦我们意识到自然界并不自我解释，而是把自己向我们呈现为一个要求解释的诸多事实的集合体，我们就必定问这个问题。当然，展示这些事实之间的关系本身便是一种解释，即用其余事实来解释其中任何一个事实；但另一种解释也同样必要，即解释为什么我们称为自然的那些事实竟然会存在：这就是康德所说的自然的形而上学，《蒂迈欧篇》就属于这种类型的探求。

如果我们去问为什么会存在一个变化的世界、一个可感知或自然的世界，那么，是否必然要在一个具有创造性的上帝身上找到这个世界的来源呢？就不能将变化的不变来源与形式等同起来吗？显然，蒂迈欧认为这是不可能的。对他来说，除了诸形式所构成的可理解世界之外，还必须有一个上帝，至于为什么，他没有告诉我们。但后来，亚里士多德给出了回答。答案是，形式不是 ἀρχαὶ κινήσεως（变化的来源或动力因），而仅仅是形式因或目的因。它们不引起变化，而只是将别处引发的变化加以规范。它们是标准，不是行动者。因此我们必须到别处去寻找这个世界中运动和生命的积极来源，而这只可能是一个其行动不是事件的行动者，一个不是自然界之部分的永恒的行动者，其恰当的名字是

上帝。

蒂迈欧接着又问为什么上帝总要创造世界。他给的理由是，上帝是善，而善的天性是溢出自身之外且自我再生。按照他的说法，善排斥嫉妒，而这意味着善的东西不仅因着自身的善而珍视自己，而且不满足于独自享有这个善，它必定会出于自己的天性将善赋予别的东西。这个论证暗示着还存在其他接受善的东西。换句话说，在逻辑上（尽管当然不是时间上）先于上帝的世界创造之时，
77 曾经存在着，或者不如说一直存在着，一个世界或未成形的物质的混沌，它是形式可能的容纳者，因而也是善的可能的容纳者。泰勒教授一向主张物质概念在《蒂迈欧篇》的宇宙论中没有地位，但他不得不把这个论证解释过去。他辩白说，这里的语言有意采用神话的语言，没有一个毕达哥拉斯主义者会从字面上理解。但是，什么是神话语言意欲传达的理论呢？他没有告诉我们，我自己也看不出有什么理由来解释，为什么蒂迈欧在这段中竟然讲了些寓言而没有任何告诫。更有可能的是，他说出的就是他想表达的意思。在《蒂迈欧篇》中，上帝毕竟是个 δημιουργός（制造者或工匠）；他的创造行动无论如何都不是一项绝对的创造行动，因为他以某些在他之外的事物为先决条件，即他借以造出世界的原型。如果上帝基于预先存在的原型创造世界这个学说使我们放弃了上帝绝对或完全自由的创造，那么，主张他从预先存在的物质中造出世界，就不会有进一步的损失和进一步的不一致之处。的确，如果原型或形式先于复制的行动而存在，那么物质也必须预先存在；因为物质和形式是相关联的东西，并且如果某物的制造被认为预设了该物的形式，那么逻辑上，它也必须预设它的物质。这样，制造事物的

行动就被非常合乎逻辑地看成是把这个形式强加于这个物质之上。

泰勒教授否认《蒂迈欧篇》的宇宙论中包含物质的概念，他实际上是在歪曲柏拉图，使之与某些他所推崇和赞成的现代观点相一致。在他的通篇著作中，他显然急于这么做。要阐述古代哲学家而又不犯这种错误，几乎是不可能的，我们无疑都难免于此。在这里，错误乃在于忘记了，绝对创造的观念、无任何先决条件（不管是预先存在的物质还是预先存在的形式）的创造行动的观念，是一种由基督教首创的观念，它构成了把基督教的创世观念与希腊人的创世观念区别开来的主要特征（就此而言，也与希伯来人在《创世纪》中阐述的创世观念相区别）。

蒂迈欧继而说明在一个广延的和可视的世界之内，不同的元
素如何必然地出现。广延指的是三个维度，因此物质世界中所有 78
的度量都必须是体积或立方的度量。可视性意味着火或光，即辐射形式的物质；但是物质世界也必定是有形的，这意指了固体形式的物质。按照毕达哥拉斯派传统，这些在质上独特的物质形式是以数学上独特的结构种类为基础的。假设辐射的单位是 a^3，固体物质的单位是 b^3，那么，在这两个首末项之间有两个比例中项，a^2b 和 ab^2，它们给出物质的两种中间形式：气体和流体。世界于是由四种恩培多克勒的元素制造出来，而这四元素用典型的毕达哥拉斯派的方式从一个数学原理中推演出来（并且由于是推演出来的，它们并不真是恩培多克勒所设想的元素）；它们所组成的整体，被认为必定是球状的，因为球体是唯一的均匀的固体，并且与球体出现的任何偏差一定是起因于某种外界影响——压

力、引力或诸如此类的影响——而**按假定**它们不可能出现。

关于世界的躯体问题就到此为止。蒂迈欧接着考虑其灵魂的创造，他把它描述成灌注整个躯体，就像一个信封那样从外部与之交迭，这样，世界的躯体就好像被封在自己的灵魂中。由于灵魂属于一个特别的存在等级——它界于物质世界或作为过程的复合体的自然，与非物质世界或作为永久的和不可分的形式复合体的自然之间——因此，它既在世界之中也在世界之外，就像一个人的灵魂既遍布他的身体，也在他的视力、听力和思想的范围中超出他的身体。这一段充满了难点，我不想在此停下来对它们进行分析；我只想指出，在这里，柏拉图或蒂迈欧试图做两件事：其一，要表明行星运动和行星距离的系统是怎样像四元素表那样，从数学的要素中推导出来；其二，要表明在这样一种运动系统中表达出自身的生命，如何也能是一种有感知觉、有思想的生命，能在自身中产生出思想和判断。

在这里，我必须中断我的分析，并把我已经给出的东西作为宇宙论中毕达哥拉斯派方法的一个实例。在离开《蒂迈欧篇》之时，
79 我想提一下怀特海对主要作为宇宙论学说的《蒂迈欧篇》的重要意见。作为最伟大的在世哲学家之一，或许还是在世最伟大的宇宙论作者，他的判断值得我们最大的尊重。在怀特海看来，《蒂迈欧篇》比其他任何一部著作都更接近于提供了现代物理科学思想所要求的哲学配置。当然它也与怀特海本人的一般宇宙论观点近于吻合。在他们两个人那里，自然界都是运动或时空中的过程的一个复合体，而且预设了另一个复合体即形式的世界——怀特海称之为不在时空中的永恒客体。当然，两种观点之间也存在着差别，

有些还非常重要，以后我将更多地对它们进行论述，在此，我先简要地指出两三个歧异之处。

(1)对柏拉图或蒂迈欧来说，可视世界中的事物是对形式的摹仿，但只是尽其所能。例如，没有任何行星运动实际上再现了数学曲线，而只是它的近似。对怀特海而言，永恒客体实际上，如他所说的，就是瞬间现象中的要素。可视的世界不只是可理解世界的近似，它正是可理解世界在此时此地的实现。

(2)于是，怀特海认为，在自然界中发现的任何质，一定是在永恒的形式世界中有其位置的一个永恒客体：这片天空的蓝色或这个洋葱的气味，如同平等或公正一样，是一种永恒客体。而《蒂迈欧篇》却认为，在可见世界中发现的许多质，也许可以说是如下事实的副产品：这个世界不是可理解世界准确无误的摹本。

(3)对《蒂迈欧篇》而言，世界的灵魂遍布它的全身，因此作为一个整体的世界被认为通过它的思想来理解它的运动所模仿的诸永恒形式。怀特海则认为，心灵是一个特殊的现象类别，他称它们为敏锐的机缘(percipient occasion)，所以对他而言，心灵并非遍布自然界，而是在自然界中特定的处所和时刻出现在这里和那里。这是理论的差别，是希腊和现代自然概念之间整体的特征性差别。

80

第三章　亚里士多德

接下来我将转入亚里士多德在《形而上学》第 12 卷中所阐述的宇宙论。耶格尔(Jaeger)教授在他的论亚里士多德思想发展的巨著中论证说,此卷是受柏拉图思想影响的早期著作,并且实际上,随着亚里士多德的思想变得较少神学性较多科学性和实证性的时候,它就被取代了。这种观点已经遭到剑桥的格思里(W. K. C. Guthrie)先生有力的反驳。他在《古典季刊》(*Classical Quarterly*,1933—1934)的两篇文章中指出,第 12 卷带有后期作品和发展成熟的标记;他还认为,亚里士多德经过一个纯粹的唯物主义思想阶段,实际上付出很大的努力才达到了在这里发展出的结论。

一　φύσις 的含义

在考查第 12 卷的学说之前,有必要分析一下亚里士多德在第 5 卷中讨论 φύσις 一词的含义的那些段落。亚里士多德在哲学词典编纂方面有他独特的方法。他意识到一个单词有几种不同的含义,并且从不犯那种愚蠢的错误,认为一个词只有一种意思。但另一方面,他意识到这些不同的含义彼此相互联系,并且这个词并不因为它有一个以上的含义而含义不清。他认为，在它多种不同的含义中，有一个是最深刻、最准确的含义，其余的或多或少没有把握住这个最深刻的意思，因而是对它的近似。于是，他把他的一系列含义排列起来，就像射在靶上的子弹，它们渐渐逼近并打中靶心。

他区分了 φύσις 一词的七种含义。

(1)起源或诞生。他说，“就好像其中的 υ 被发成长音”。υ 实际上是短音。大卫·罗斯爵士(在已被引用的著作中)指出，在实际的希腊文献中，这个词从来不曾有这种意思。他还猜测——无疑是对的——说，这是由公元前 4 世纪错误的词源研究推测性地
强加在这个词上的。因此，亚里士多德射出的第一枪完全偏离了 81
靶子。

(2)事物所由生长出来的东西，它们的种子。这个含义在希腊文里又是无处可寻。我设想，它是作为第一种与第三种意思之间的联接而被提出的。

(3)自然物体中运动或变化的来源(我们以后会看到，一个自然物体是自我运动的)。当我们说一块石头按其本性落地、火按其本性着起来时，指的就是这个意思：它符合通常非专门性的希腊语用法。

(4)事物由以构成的原初物质。这种含义为爱奥尼亚学派所强调。伯内特会认为它是早期希腊哲学中这个词所具有的唯一含义。

我认为，更真实的说法应该是，在公元前 6 世纪 φύσις 指的是它过去一直指的东西，即事物的本质(essence)或本性(nature)；但

爱奥尼亚学派因着其哲学上的特殊性而非词典学上的特殊性，试图把事物的本质或本性解释成它们由以构成的材料。(参见本书第45页及其后)

(5)自然物的本质或形式。这是我们见到的公元前5世纪的哲学方面的作者和日常希腊语方面的作者对这个词的实际用法，但这个定义不完善，因为是循环的。把自然定义为自然事物的本质，这就留下“自然事物”未加定义。

(6)一般的本质或形式。例如，柏拉图说到 ἡ τοῦ ἀγαθοῦ φύσις(善的自然)，而善(good)并不是一种自然事物。这里循环定义被消除了，但在亚里士多德看来，这个术语现在被用得太宽泛、太不严谨：所以他着手再次把它的意义范围缩小，通过把术语“自然事物”定义为“自身具有运动源泉的事物”，消除了循环定义。

(7)自身具有运动源泉的事物的本质。亚里士多德把这视为真实的和根本的含义，并且他自己就是这样使用这个词的。当然，它确实准确地与通常希腊语的用法相符。当一个希腊语作者比较 φύσις 与 τέχνη[1](也就是，人类技能能够把事物处理成什么样子，事物就听任成为这个样子)或者 φύσις 与 βία[2](即受到干预时什么表现，事物就听任如此表现)的时候，他暗示了，事物依其自身的权利拥有生长、组织和运动的本原(principle)，并且这就是他用它们
82 的本性(nature)所要表达的意思。当他称事物为自然的(natural)时候，他的意思是它们之中拥有这样一种本原。

---

① 即希腊文“技艺”。——译者注

② 即希腊文“被动的”。——译者注

二　自我运动的自然

亚里士多德和爱奥尼亚学派以及柏拉图一样，把自然界看作是一个自我运动着(Self-moving)的事物的世界。它是一个活的世界：一个不是由惯性(像17世纪的物质世界那样)而是由自发运动为其特征的世界。这样的自然是过程、生长和变化。这个过程是一个发展，即变化依次采取形式α、β、γ……，每一种形式都是其后继者的潜能(potentiality)。但这不是我们所说的"进化"，因为对亚里士多德而言，展现在自然界中的变化的种类以及结构的种类，形成了一个永恒的仓库，仓库中的东西按逻辑关系而不是时间顺序相互关联。于是，变化的最后结局是循环；圆周运动在他看来是完美的有机体的特征，而不像我们认为的那样，是无机物的特征。

既然自然是自我运动的，那么假定一个自然之外的动力因去解释发生在自然之中的变化就不合逻辑了。无疑，如果真的有一个时间自然尚未存在，那么自然之外的动力因对把它带向存在会是必要的；但亚里士多德信从《蒂迈欧篇》，认为从来不曾存在这样一个时间。这样对他而言，世界的过程恰恰就是柏拉图在《蒂迈欧篇》中所说的不可能是的样子，即一个自因(self-causing)和自存(self-existing)的过程。

这样看来，亚里士多德似乎已与唯物主义者——阿里斯托芬(Aristophanes)把他们写成是推倒宙斯、用宇宙涡旋(Vortex)取而代之——共命运了。但是，在《形而上学》第12卷中，上帝被一个全新的论证重又引进了宇宙论中。为了在这些问题上做个唯物主义者，你就得像许多现代思想家已经坚持、有些仍然坚持的那样，坚持自然规律仅仅是对事物实际发生方式的经验描述。存在着运动的物体，不知何故它们必须运动；碰巧它们确实如此运动的方式，被我们称为自然规律，而称它们为规律时，我们并没有暗含一个规律的给予者，或把任何强制力或强迫力归于它们，而只是表示了它们的一般特征。但希腊思想从不接受这一立场。在希腊人看来，自然的特征不只是有变化，而且还有努力（effort）、奋争（ni-
83 sus）和趋向（tendency）——以某种确定方式变化的趋向。石块压顶，而种子在努力破土而出；幼小的动物努力增长其尺寸、发展其形体，直到它达到成年动物的尺寸和形体，而且由于已经达到了它的目标，它的努力停止了。整个过程包含着潜能与现实之间的区别，其中潜能是奋争的场所，凭借着奋争，潜能朝着现实的方向进发。这个奋争的概念，作为一个贯穿于整个自然界的因素，以及它关于自然过程被导向终极因的目的论暗示，一度被现代科学当作一种拟人说加以抛弃。但是除非我们错误地将奋争与有意识的意志混为一谈，这种概念绝不是一种拟人说的观念。如果认为种子对自己努力做成的事情有所知，自己想象自己是一个已完全长成的植物，这无疑是最坏意义上的拟人说。因为种子并不知道它正努力要变成一棵植物，所以我们无权说它不是无意识地努力这样做。但若认为无意识的努力是不可能的，则没有根据。近来，进化论使得人们有必要回到某种类似于亚里士多德的潜能理论的东西上去。人们普遍意识到，仅当那尚未实现的东西作为过程被引向的目标而正影响着过程，仅当物种突变不是由于偶然律的逐渐作用，而是通过一步步以某种方式被引向更高级的生命形式——一

种更有效、更充满生命力的形式——而完成的时候，一个演变的过程才是可以想象的。在这一点上，如果说现代物理学越来越接近古代伟大的数学家—哲学家柏拉图的话，那么现代生物学正越来越接近伟大的生物学家—哲学家亚里士多德。进化论哲学像洛伊德·摩根(Lloyd Morgan)、亚历山大和怀特海等人的理论则很坦白地接受了潜能、奋争和目的论的观念。

发展的概念对唯物主义是致命的。根据唯物主义的形而上学，物体的存在是仅有的存在种类，无论产生或造出什么，结果都必定是一个物体，换句话说，不可能存在非物质的原因。但发展却暗含着一个非物质的原因。如果一粒种子正发展成一株植物，而且它向植物的变化不是由于因外界适当的物质粒子随机碰撞所造
成的纯粹偶然性所引起，那么这种发展就为某种非物质的东西即 84
植物的形式、以及那种特定的植物的形式所控制，这种东西也就是柏拉图的植物理念，它是完全长成的植物的形式因，是种子向植物生长过程中的终极因。当然，这种理念不是日常英语中所说的存在于某个人心中的思想的那种观念。它不存在于植物的心灵中，因为即使植物有心灵，也不会有这种能想象抽象理念的心灵。这个理念是特定的柏拉图意义上的理念，它客观上是实在的，但不是物质的。

到目前为止，我们一直跟随着柏拉图，但现在，亚里士多德比他超前了一步。对柏拉图来说，被理念所限向的能量，不是由理念激发的，而是独立于它而存在。这个能量的来源出自动力因。柏拉图的理论如果用亚里士多德的话表述就是，尽管形式因和终极因也许是同一的，但动力因与它们大不相同。在种子生长中起作用的纯粹天然的力是一个东西，而引导那个力进入植物的生长过

程的支配性影响则又是另一个东西。与此相反，亚里士多德设想了一个终极因的概念，它通过在相应的客体中唤起一种奋争，去自己实现其物体形式，不但引导而且激发或唤起它所支配的能量。它因此既是终极因又是动力因，但这是一个非常特殊种类的动力因，一个非物质的动力因。亚里士多德通过对“发展”这一事实的反思，达到了这个非物质的动力因概念。因为发展即意味着奋争，即一个运动或过程不仅仅是被定向去实现那某种意义上尚未实现的物体形式，而且的确被朝着这种实现的趋向所激发。种子无论如何要生长，因为它正在致力于变成一棵植物；因此一棵植物的形式不仅是它以这种方式生长的原因，也是它无论如何都要生长的原因，于是，既是它生长的终极因也是动力因。种子生长，只是因为它想要变成一棵植物。它欲求在自身中，以物质的形状，使否则

85 便只具有观念的或非物质的存在的植物形式具体化。我们之所以能用“想要”或“欲求”这些词，是因为尽管植物没有理智或心灵，也不能想象所讨论的形式，但它有一个灵魂或 ψυχή，因此它有要求或欲望，尽管它不知道它想要什么。形式是这些欲求的对象，用亚里士多德本人的话说，它本身不运动（因为它不是一种物质的东西，因此当然不可能运动），但它通过作为欲求的对象在别的事物中引起运动：κινεῖ ὡς ἐρώμενον（1072b3）。

物质的事物的欲求是欲求以自己的质料使这个形式具体化，在这个质料中使自己符合于这个形式并尽可能地模仿它。为了激发这种欲求，形式必须因着自身已经是某种值得模仿的东西，是某种具有自身的活性的东西，这种活性是内在的有价值的。我们能把什么样的活性归于这种非物质的存在（在这个意义上也就是自然界不动的第一推动者）呢？

三　亚里士多德的知识论

为了回答这个问题，我们必须转向亚里士多德的知识论。在他的时代很久之前，希腊人就已经发现，声音是由一个能发声的物体创建的有节律的振动，并通过空气传递到听觉机制。这个机制的本质就在于，它是从空气中接收振动并使自己以同样的节律振动的有机体的一部分。任何声音，如果我们的耳朵不能够在自身中再生其节律，就不能被我们听见。在自身中再生一种有节律的振动与听到一个声音是同一回事，因为对希腊人而言，灵魂不是别的正是身体的有生命的活性，因此存在于现代思想中的听觉机制的身体性振动与对声音的心理感觉之间的鸿沟，在他们那里并不存在。铜铃的铜和空气的气体并没有进入我的机体，但它们的振动的节律进入了，而这些节律向我头脑的这种进入，正好就是我对声音的听。但节律是一种毕达哥拉斯或柏拉图的形式，它是非物质的东西，是一种结构，或者用亚里士多德的话说，是一种 λόγος（逻各斯）。这样一来，听见铃响就是把响铃的 λόγος（逻各斯）而不是它的 ὕλη（质料）接收进一个人自己的机体中。推而广之，这就 86
向我们给出了亚里士多德关于感觉的规定。铃铛的响声即它有节律的振动，在我的头脑中再生它自己，而这就是听觉。视觉和其他的感觉亦与此类似。在每种情况下，都有一个被感知的对象，它是某种类型的物质，具有或永久或暂时的某种形式：感知那个对象，就是在我们自身中再现其形式而把物质留在我们外面。因此，亚里士多德把感觉定义为对可感形式而非它的物质的接受。

这不是知觉的表象理论或摹写理论。如果说按照亚里士多德的观点，我们听到的是我们头脑中的铃声，它与铃响在音高和音调上相似，那么这种说法是错误的。因为铃的音调不是别的，只是一种 λόγος（逻各斯）或节律，它根本就是每秒 480 次的振动或任何其他可能是的节律。因此，响在我们头脑中的音调不是像铃的音调的另一个音调，它正是同一个音调。就像是等式 $(x+y)^2=x^2+2xy+y^2$，当 $x=2$，$y=3$，或 $x=3$，$y=4$ 时，这个等式仍是同一个等式。音调不是物质，而是形式。的确，形式要想存在就必定存在于某些物质中，但是不论它存在于什么物质中，它都是同一个形式。

感觉是一种认知，但不是一种完备的认知，因为在听到铃响时，我们只听到它的音调，而没有听到它的形状、颜色或化学组成。我们所听到的是一个形式，我们听它的方式就是将这个形式接受到我们的听觉器官里来，在这个范围内，铃是关于认知的一个很好的范例。假设现在有一种知识，其对象是一个尚未在任何物质中具体化的形式，例如善的形式（假设存在善这样一种东西的话）。如果我们通过思想理解那个形式，我们唯一的办法是把它接收进我们的心灵中，经验它，我们的心灵则依这种经验被暂时组织起来，就像我们通过经验听到音调，而我们的耳朵则依这种经验被暂时组织起来一样。在铃的情形中，铜铃被留在我们之外，但在善的情形中，不存在物质，只有形式，就没有什么东西留在我们之外。整个对象在我们的理智中再生自己（不是它的复制品而就是它自
87 身）。因此，正如亚里士多德所说，在对象没有物质的情况下，知者与被知者是同一的。

四　亚里士多德的神学

依据这种观念，让我们回顾一下在《蒂迈欧篇》中引出的上帝与形式的区别：上帝是永恒的思想者，是主体、是精神，而形式是永恒的非物质的客体。《蒂迈欧篇》中的上帝当然思考着形式，因此根据亚里士多德的观点，上帝与形式不是两个而是一个东西。诸形式是上帝的诸思考方式，形式的辩证结构是上帝思想的表达；反过来说，上帝是活动，我们识别出这种或那种形式时，我们正描述着这种活动的不同方面。上帝与形式的相等同，扫除了亚里士多德对柏拉图形式理论提出的所有反对意见。因为那些反对意见针对的并不是所说的形式概念——亚里士多德自己就经常用这个概念，它反的也不是那撇开一切物质而存在的超越的形式概念——这不但是柏拉图的学说，也是他自己的学说。它反的是从思考着的心灵的活动中分离出来，作为纯粹而简单的客体的那些形式的概念。柏拉图在《蒂迈欧篇》中把上帝描写成凭借其意志的创造活动而成为自然的动力因，形式则凭借它们静态的完善，而成为自然的终极因。亚里士多德把上帝与形式等同起来，设想出一个单一的不动的推动者，有着自身独立的活动也就是自我知识（νοήσεως νόησις），思考着作为它自身思想之范畴的形式，并且，由于那个活动是最高级、最大的可能性（*Eth. Nic.* X. 7），所以激发着整个自然对它的欲求，激发一种奋争去再生它，激发着每一事物各自归位并尽自己的全力。

这个理论中有几点，在那些从基督教传统中长大的人看来会

觉得奇怪,甚至可能令人厌恶。在第一个地方,亚里士多德有许多关于上帝之爱的话要说,但他认为,上帝不爱这个世界,是这个世界爱上帝。使这个世界运转的爱,既不是上帝对我们的爱,也不是我们相互之间的爱,而是对上帝普遍的、全然不是互惠的爱。我并不想把这种观念与基督教观念之间的差异通过解释清除掉,但我必须指出,当我们注意到术语的不同时,这种差异就缩小了。在亚里士多德那里,“爱”一词是 ἔρως,意思是本质上不完善的东西对
88 自身完善的渴望,ἔρως 是那些觉得自己是劣者的人对于他承认为优越者所怀有的仰望或追求之爱。柏拉图的《会饮篇》中对于 *Ερως* 的经典讨论,对此作了一劳永逸地解释。基督教的“爱”一词是 ἀγάπη,本来是优越者对劣者怀有的俯视或屈尊的爱。它是人们对于自己生活中那些尽管显然不完善却尽职尽力的东西所怀有的满意之情。通过否定上帝爱世界,亚里士多德说,上帝已经是完美无缺的,它自身中没有变化的来源,没有向着更好的奋争。通过说世界爱上帝,他表明世界无休止地在寻求业已存在于上帝之中且与上帝等同的一种完美。

在第二个地方——这里不大容易与我们通常的观念相一致——亚里士多德否认上帝知道这个世界,而且更加否认上帝通过一次意志行动创造了它,或者对它的历史或它其中的任何东西的生活有什么神意的计划。这样一个否定,无疑使许多人摆脱了窘困的境地。它使我们没有必要把上帝视为注视的、宽恕的,甚至更坏一点,认为他蓄意带来了充满着这个世界的罪恶,而这在流行的基督教神学中一向是个严肃的道德难点。它还使我们没有必要认为上帝看得见颜色、听得见声音,等等——这意味着上帝有眼睛

和耳朵——或者没有必要认为上帝知道一个不同于我们的世界，以致我们不能再用同样的名字称呼它。尽管这些都是巨大的收获，但却被我们不得不感到的更大的损失所抵销。把上帝想作监督着世界的生活、引导着其历史的进程、裁决着它的行动、并最终使它与自己统一起来的，是这样的一种思想，离开了它，我们几乎根本不会费心去想到上帝。所以这里，我还是不想否定亚里士多德与基督教两者概念之间的差异，也不想提出至少在纯粹哲学的背景下亚里士多德的概念更好。但是如果我们回想到，在亚里士多德的理论中，上帝的自我知识指的是它对 νοῦς（努斯）（包括诸形式被清楚表达的结构）的知识；如果我们回想到，由于就我们是理性的而言，我们也分享 νοῦς，所以我们的自我知识以及对形式的知 89
识，便是我们对上帝之生命的分有，并且恰恰由于这个原因，把我们带进了上帝自我知识的圈子里，那么，亚里士多德与基督教概念之间的差异就削弱了。甚至无机自然的盲目冲动——尽管它们本身既不是上帝的部分也不为上帝所知——也被引向为上帝所知并的确是上帝本性的某个方面的目标上去。

五　众多不动的推动者

但是，为了展现亚里士多德是如何想象自然过程被对上帝的爱造出的，我们有必要更接近一点他的宇宙论的细节。这些自然过程很复杂，复杂到人们无法把它们看成是指向同一个目标。我们已经说过，泰勒士把磁铁与虫子都说成只是水，这不管用；它没有解释为什么有的东西表现得像一块磁铁，有的像一条虫子。如果亚里士多德通过说任何事物都在努力模仿上帝的生命，来解释世界中的过程，那么他同样没能解释诸过程之间的明显差异，这些过程在种类上非常不同，而且明显指向非常不同的目的。换句话说，必定存在着目的的一种等级结构，而每一存在等级必定有其自身的目的。

为了解决这个困难，亚里士多德设计出一种理论，从而使得不动的推动者的数目不是一个而是多个。其中之一是第一推动者，也即上帝。它的活动是纯粹的自我思想，νόησις νοήσεως（思想的思想），非物质的行动者的这个绝对自足和自我独立的活动，被一个物质的行动者的活动（即一种运动）所复制，这种运动尽其所能的接近自足和自我独立，也就是 *primum mobile*（原动天）即最外层的恒星天球的完美的匀速转动。原动天的灵魂直接被上帝之爱所激发，其运动自身身体的方式是一个身体的运动所可能类似上帝之生命的方式。

但神性活动可以有两种方式被模仿：或者被一个身体（这里的身体如同希腊宇宙论一直主张地，是一个活的身体，一个被赋予了灵魂并被奋争、欲求或爱所激发的有机体），或者被一个未被身体化的心灵或理智即 νοῦς（努斯）所模仿。上帝思考或沉思他自身，其他的理智思考或沉思上帝。在这个范围里，它们分享神性，但它
90 们对它的分有由于只是部分的因而是不完善的：每一理智只领悟了神性的部分（这就是可理解世界或形式世界的各个方面），从而每一理智拥有它自身的特质和灵性生活，这是上帝之特质和生活的一个特定的样式或限制。

按照亚里士多德，我们有宇宙学的理由来相信这些理智。原

动天的匀速转动表现了它复制上帝不运动的活动的努力，而行星的复杂而不规则的运动没有表现一个粗野的、不成功的在圆周上匀速运动的尝试，它表现了一个相当成功的尝试，即循着一个不同而复杂的类型但又是合理和确定的路径运动。希腊几何学把其他的曲线看成是圆周的修正，就像其他语法现象是主格语法的修正，其他三段论推理的格是完美的第一推理格的修正一样，因此，一定存在着某些非物质的活动，其与上帝活动之间的关系有如复杂的行星路径与正圆之间的关系，而且正是这个非物质的活动而非上帝的活动，被行星的灵魂以物质的形式直接地表征为运动。行星的路径是对上帝活动的模仿的模仿，而原动天的转动是以身体的方式对上帝活动的一个直接模仿，行星理智的思想是以理智的方式对上帝活动的一个直接模仿。整个理智复合体或理智界构成了一个非物质的、永恒的范本，宇宙运动的复合体对之进行模仿。这里，亚里士多德以他自己的方式重复了《蒂迈欧篇》中的理论，即上帝在创造物质的或暂时的世界时模仿了一个永恒的模子，也就是非物质的或永恒的形式世界。他们两个理论中一个共同的重要的观念是，存在于自然界中诸活动的分化，基于逻辑上在先的永恒实在中的分化。不仅非物质的存在或绝对的心灵逻辑上先于自然，心灵分化为诸心灵也先于自然中的分化。

我也许可以通过提到大卫·罗斯爵士在他的《形而上学》版中的有关注解来阐明这一点，此处是极少数我非常卤莽的与他在那部巨著中所讲的任何东西有所不同的地方。他论证说(I，p. cxl)理智是亚里士多德理论中一个不合逻辑的赘物。他说，天球应该 91
表现为天的有机体，以各自的等级努力去复制不动的推动者的不

变生命。但我问自己，“以各自的等级”意味着什么？显然，它只能意味着一个给定的天的有机体，比如第35号，并不是简单地去复制上帝的活动，而是以一种与位于第35号的身体恰如其分的特定方式去复制，很像是一个右翼中卫并不是简单地打橄榄球，而是以一种对右翼中卫恰如其分的方式去打。所以，正如一个每队15人的业余英式橄榄球的观念或体制逻辑上先于实际的球员充填每一位置，活动分化的观念或体制也先于实际天球的运动。一句话，大卫·罗斯爵士通过使用“以各自的等级”这个术语，承认了亚里士多德的观点。

六 物质

尽管亚里士多德的宇宙论有着双重的重要性，不但本身很重要，而且希腊的自然哲学思想是借着它的形式把其最成熟的遗产传给了中世纪，我还是不能老是逗留在他那里，但我也不能在离开他的时候，对他的物质概念只字不提。要准确地确定他的物质理论是什么，是件非常困难的事情，尤其因为他在《形而上学》里包含他的形而上学术语辞典的第四卷中没有对它进行说明，这使人觉得非常奇怪。上帝以及在一般心灵中，不论是作为思想者这样主观的，还是作为永恒客体或纯粹形式这样客观的，都不包含物质且不可能在物质中具体化。那包含物质的，是那受制于变化过程、运动或演变的。在这些事物中的物质，自身是不可感知和不可知的。感觉只感知结合在物质中的形式，理智只认识未结合在物质中的形式。因此，不要指望亚里士多德会给我们一个清晰的物质概念。

对他来说，这个术语是一个用词上的矛盾，因为我们能有明确概念的东西都是形式，而形式恰恰不是物质。现代科学所说的物质理论即原子理论、电子理论、辐射理论，等等，是对各种各样的结构和节律运动的描述，而根据希腊的术语学，所有这些都是一种形式理 92
论，根本不是物质理论。这样，亚里士多德关于物质的不可知论不包含任何令现代物理学家感到震惊的东西。对亚里士多德来说，物质本身是不确定的，它可以但尚未被组织成这样或那样特定的形式或结构。因此，他经常把物质与潜能等同起来，或者与潜在的是两个对立面——δύναμις τῶν ἐναντίων（动能的对立面）——之一的东西相等同。当他试图定义它时，只能下否定的定义："关于物质我指的是那种自身既没有质、也没有量、也没有事物得以被确定的任何属性。"（*Met.* 1029a20）然而，尽管物质是不可知、不可描述的，它也不能简单地从宇宙学中排除出去，因为它是自然过程的否定性目标的极限情形或尽头：自然中的任何事物都在不断地发展，去实现自身，去成为那一直是潜在的现实，而物质是不确定性，是潜能的否定性方面。一只鸡雏努力要变成一只母鸡，但它还不是一只母鸡；在它之中有一种朝着母鸡的形式的奋争，但在它之中也存在着某种东西，由于这种东西那种奋争尚未达致它的目标，而这种东西就是亚里士多德所说的物质。因此，物质是未实现的潜能的未实现性。由于不存在全然未实现的潜能，不存在完全不起作用的奋争，因而也就不存在纯粹的物质或仅仅是物质的东西。在物质组织自身的过程中，在物质获得形式的过程中，时时处处都存在着物质。只有当形式完全实现了，并且潜能转化成了现实，物质才彻底消失。因此亚里士多德说，任何纯粹的现实都不包含物质。

任何位于空间某处的东西是物质的，因为它也可能在别处，并继续保持着自身。但是，不存在上帝可能是而现在不是的东西，因为他不是的东西，比如说一块石头，正是他若继续为上帝就不可能是的东西；因此上帝是纯粹的现实，不包含任何物质。

第二部分

文艺复兴的自然观

第一章　16 和 17 世纪 93

一　反亚里士多德主义

第二次伟大的宇宙论运动是 16 和 17 世纪的这一次。它的主导特征可以通过考虑它否定的方面而很容易地看出，即对部分由亚里士多德、部分由基督教所包含的哲学观点所促成的中世纪思想，进行持续的抨击。特别被选来攻击的目标是目的论，一种关于终极因的理论：它试图把自然解释成充满着趋向或努力，以实现尚未存在的形式。整个运动的典型是培根（Bacon）对目的论之效果的著名嘲讽：它就像奉献给上帝的处女一样，生不出后代（*tanquam virgo Deo consecrata nihil parit*，De Aug. Sci. iii. 5）。他的意思是说，当一个亚里士多德派的科学家解释由某个原因导致的某个结果时，总认为那个原因有一种自然的趋向产生那个结果，但这实际上没告诉你任何东西，而只能使你的心思从科学的恰当任务中游离开——这个任务便是发现在谈论的问题中原因的精确结构或本性。在莫里哀（Moliere）对一场医学院考试的粗鄙的模仿作品中，暗示了相同的批评，考试是按照亚里士多德的方法用蹩脚的拉丁文进行的：

应试者：

Mihi a docto doctore
Domandatur Causam et rationem quare
Opium facit dormire.
A quoi respondéo：
Quia est in eo
Vertus dormitiva
Cuius est natura
Sensus assoupire

监考官的合唱：

Bene bene bene respondere
Dignus，dignus est intrare
In nostro docto corpóre. ①

94 与这些目的论的方法相反，新的自然理论主张透过动力因来说明问题，这意味着用在变化的开端就已存在的物质的东西的作用，来解释所有的变化和过程。变化必须通过这种方式来解释，已经是16世纪的哲学家们有意识地作为一个原理的假定。因此，在这个世纪的中期，布拉迪诺·特勒西奥(Bernardino Telesio)就认为，自然不是被它之外的某种东西吸引向前，去模仿有着永恒和非物质存在的形式，而是拥有一种自身固有的活动，即热，借助于热，它在自身内产生运动，从而产生我们在自然界所发现的所有不同

① 这段非正规的拉丁文大意是，应试者："渊博的博士问我，是什么原因，鸦片烟能使人睡着，我的回答是，因为它有睡眠的力，所以自然有催眠的感觉。"监考官："回答得好，好，好，他可以进我们博学的圈子了。"这是莫里哀喜剧《没病找病》第三插曲中的片断。——译者注

类型的结构。文艺复兴的自然主义哲学把自然看成是神性的和自我创造的某种东西，他们区分这个单一的自我创造物的积极的和消极的方面，是通过把 *natura naturata*（被自然创造的自然）即自然变化和过程的集合，同 *natura naturans*（创造自然的自然）即激发和引导它们的内在的力，区别开来。这个观念接近柏拉图甚于亚里士多德，因为柏拉图的毕达哥拉斯主义宇宙论，倾向于把自然事物的行为解释成它们的数学结构的效果，一种与新物理学的工作相当协调的倾向，而亚里士多德的宇宙论倾向于通过对神性的模仿的模仿的一个精致的系列来解释。因此，文艺复兴的哲学家们将他们自己聚集在柏拉图的旗帜下反对亚里士多德主义，一直到伽利略，这位真正的现代科学之父，通过声称自然之书是一部由上帝用数学语言写成的书，用他自己的话重申了毕达哥拉斯一柏拉图的立场。“变化是趋向的表达”的亚里士多德理论，在 16 世纪被“变化是结构的功能”的柏拉图理论——严格来说是毕达哥拉斯理论，因为本质上它是前苏格拉底的理论——所替代。

二 文艺复兴的宇宙论：第一阶段

自然理论在 16 和 17 世纪经过了两个主要阶段。在敌视亚里士多德、反对目的论和坚持形式因及动力因的内在本性上，两者是相似的。它们在作为一种新柏拉图主义或新毕达哥拉斯主义上也 95
是相似的，我指的是它们都坚持数学结构是质的差别的基础。两个阶段的区别在于他们对身心关系的看法。在早期阶段，自然界——如今被称为 *natura naturata*（被自然创造的自然）——仍然被看作一个活的有机体，其内在的能量和力具有生命和精神的特征。15 和 16 世纪的自然主义哲学赋予自然以理性和感性、爱和恨、欢乐和痛苦，并在这些能力和情感中找到了自然过程的原因。就此而言，它们的宇宙论与柏拉图和亚里士多德的相似，甚至与前苏格拉底的宇宙论更相似。但是，这种泛灵论（animism）和物活论（hylozoism）在早期的文艺复兴宇宙论中还是隐性的因素，然而在希腊思想中是居支配地位的。随着时间的推进，一开始与它相伴随的数学倾向就将它淹没了，并且随着这种数学倾向占据上风，有机论的自然观就被机械论的自然观所取代。这种由早期的有机论向晚期的机械论的转变——正如我将要解释的——主要是哥白尼的工作。但即使是早期观点，也同希腊有机论的世界观有显著不同，因为它坚持内在性的概念。形式因和动力因被认为是存在于自然界之中，而不是（像亚里士多德所说的那样）在自然界之外。这种内在论给了自然界本身一种新的尊严。从这个运动历史的早期开始，它就引导人们把自然看成自我创造的并且在这个意义上是神性的，从而导致他们以一种崇敬的、专注的和密切关注的眼光去看待自然现象。这就是说，它导致了一种具体和精确的观察习惯，而这个习惯基于以下的假定：自然界的一切，不管多么细微和看起来偶然，都渗透着理性从而是有意义和有价值的。亚里士多德的传统把自然看成是对一个超越的非物质范本的物质模仿，这意味着自然中的某些事物是偶然的。亚里士多德自己曾经说过，物质亦即不可理解的因素，是自然中偶然因素的源泉。直到亚里士多德的宇宙论被扫除之后，科学家才能够开始严肃地对待自然，也就是说，对其最细微的言辞也予以重视和尊重。到 15

世纪末列奥那多·达·芬奇(Leonardo da vinci)的时代,这种新 96
的态度被牢固地树立起来。

但在这个早期阶段,自然仍旧被看作是一个活的有机体,自然与人的关系是按照占星术和巫术来构想的。人对自然的主宰不是被看作心灵对机械的主宰,而是一种灵魂对另一种灵魂的主宰——这就包含了巫术。最外层或恒星天层仍然按照亚里士多德的方式被设想成宇宙有机体的最纯净、最具非凡生气、最活跃或最有影响的部分,从而是其他部分一切活动的源泉——因而是占星术。这个巫术和占星术的概念一开始就遇到了劲敌,著名的有皮科·德拉·米兰多拉(Pico della Mirandola),他在 15 世纪晚期攻击这一概念,后继的攻击者有一些宗教改革者如萨瓦那罗拉(Savonarola)和加尔文(Calvin)。尽管如此,这些神秘科学仍在 15 和 16 世纪盛行一时,只是渐渐地消失,而且在 17 和 18 世纪的流行魔法术中,很不容易消逝。

三　哥白尼

现代宇宙论的决定性时刻是在 16 世纪中叶。1543 年,哥白尼论太阳系的著作(*De revolutionibus orbium coelestium*,《天球运行论》)在他死后出版①。这本书所阐述的新天文学将地球从世界

① 现代天文学史家发现,这部巨著在 1543 年春天已经面世,负责著作出版工作的哥白尼的学生 Rheticus 送给维滕堡大学校长的书留存至今,上面签署的日期是 1543 年 4 月 20 日;历史学家还证实,哥白尼于 1543 年 5 月 24 日去世前见到了印刷本。参见 Owen Gingerich,*The Eye of Heaven*,1993,p. 167,p. 254。——译者注

的中心移去，而用日心假说来解释行星的运动。这一新天文学的哲学意义是深刻的，但却常常被误解。普遍的说法是，它的效果是贬低地球在万物格局中的重要性，并告诉人类他只是生活在绕一个小小恒星转动着的一个小小冰冷物质颗粒上的微小寄生物。这种观点从哲学上说是愚蠢的，从历史上说是错误的。之所以从哲学上说是愚蠢的，是因为任何哲学问题，无论是关于宇宙的、人生的还是关于它们两者关系的，都不会因考虑它们所占据空间的相对大小而受到影响；之所以从历史上说是错误的，是因为人类在世界中的渺小一直是一个熟悉的反思主题。波依修斯(Boethius)的
97《哲学的安慰》(*De Consolatione Philosophiae*)这本被称为中世纪最广为阅读的书中有下面一段话：

> “你已从天文学的证据获悉，整个地球与宇宙相比不比一个点大，也就是说，与诸天球相比，地球可以认为没有大小可言。在这个小角落里，据托勒密所说，只有四分之一的地方可供生物居住。扣除这个四分之一中的海洋、沼泽和其他沙漠地带，为人类剩下的生存空间简直连无限小都谈不上了。”(Book ii，Prosa vii.)

哥白尼之前一千年，每个受过教育的欧洲人都知道这段话，哥白尼没有必要为重复它的内容而冒被判为异端的风险。

他的天文学发现的真正意义要比这重要得多。其意义所在，与其说是让太阳取代地球的世界中心地位，不如说暗含着对世界

有一个中心的否定。正如他的遗著编辑者所说，你可以把任何一点当作它的中心，只是为了便于研究行星轨道才把太阳定为中心点。这个陈述有时被看作是在已有理论面前胆怯的表现，似乎相当于说："我承认正统的观点是真实的，日心说不过是一个方便的构想而已"，然而，物质世界没有中心才是它真正的观点。人们正确地把它看作宇宙论的一场革命，因为它打破了整个自然界有机论。一个有机体暗含着分化了的器官。在希腊思想的球式世界有机体中，土（地球）居中，其次是水、气、火，最后，按照亚里士多德，是世界最外层的第五元素（*quinta essentia*）。现在，如果世界没有了中心，这种分化的基础就消失了：整个世界由同一种物质构成，引力定律不只是像亚里士多德认为的那样仅适用于月下区域，而且适用于任何地方；恒星并不拥有属于自身的神性内容，而是与地球同质。这一观念非但没有减少人类的权能范围，反而大大拓展了它，因为它告诉人类，他在地球上建立的科学定律在整个星空同样适用。牛顿能够设想维持月亮在其轨道上运转的力与使他的苹果落地的力是相同的，这直接归功于哥白尼对地心说天文学的否 98
定。对亚里士多德来说，自然由质上不同、作用相异的实体所组成；土天然地向中心运动，火则离开中心，等等。对新宇宙论来说，不可能存在质的自然差异，只可能存在一种物质，质上均匀地遍布整个世界，它仅有的差异是量的差异和几何结构的差异。这再一次使我们回想起某种类似于柏拉图和毕达哥拉斯派的东西，或者是某种类似希腊原子论者的东西——他们否定除原子和虚空外任何事物的真实性，他们把一切都还原为确定的原子结构的模式。

四　文艺复兴的宇宙论：第二阶段。乔尔丹诺·布鲁诺

天主教和新教联合起来把哥白尼的理论作为异端邪说加以拒绝，而他的天文学上的直接继承者们（如第谷·布拉赫[Tycho Brahe]，生于他的著作出版后三年）在严格的天文学意义上也拒绝接受他的体系。但正如我已经解释的，它的哲学重要性在于它的主要论点暗含了地球与天体的物质是相同的，且由共同的定律支配它们的运动。这些含义很快受到一个新的思想者群体的欢迎。正是他们发起了文艺复兴自然理论的第二个也是最后的阶段。在此，我不想考虑这批人中各个成员及其学说异同的具体情况，而把注意力集中在最重要的人物——乔尔丹诺·布鲁诺（Giordano Bruno）身上。

布鲁诺生于1548年，早年成为多明我会的修道士。他30岁之前就被控犯了异端罪而被迫离开意大利，之后相继居住在日内瓦、图卢斯、巴黎、伦敦、维滕堡和其他一些地方。在总督乔万尼·莫钦尼戈（Giovanni Mocenigo）的庇护下，他返回意大利定居在威尼斯，但那里的宗教裁判所逮捕了他，并在罗马受审历七年之久（1593—1600），最后被烧死在火刑柱上。

99 布鲁诺对自然理论的最重要贡献在于他对哥白尼学说的哲学解释。他意识到，他所狂热接受的新天文学包含了一个对地下与天上物质之间任何质的区别的否定。他把这个否定从太阳系或行星系推广到恒星系——这是哥白尼所不曾做过的——而只承认一种差别，即燃烧或发光物体与水晶或透明物体之间的差别。一切

都照同样的定律做固有的圆周运动，而亚里士多德的天然重性和天然轻性概念被摒弃。物质世界之外不存在第一推动者，运动对这样的物体来说是内在的、天然的。物质世界被设想为一个无限的空间，不是空的而是充满着一种柔顺和可塑的物质，这使我们想到更近代的物理学中的以太。在这种以太中，有无数类似于我们世界的世界，它们总体上构成一个自身不变不动却在自身中包含了一切变化和运动的宇宙。这种包含一切而自身不变的实体是所有变化的母体，它同时既是物质——因为它有广延和运动的能力；也是形式，或精神，或上帝——因为它有自己存在且作为运动源泉的能力；但它不像亚里士多德的上帝是一个超越的不动的推动者，而是一个内在于自身的躯体并能导致躯体内全部运动的推动者。因此，用布鲁诺的话说，任何特定事物以及任何特定运动都有一个本原或自身内的来源，都有一个原因或自身外的来源。上帝既是本原又是原因：作为本原，内在于自然的每一个别部分；作为原因，超越于每一个别部分。

这种泛神论的宇宙学让我们一方面想起后期爱奥尼亚学派，另一方面又想起斯宾诺莎。它与阿那克西曼德相仿，把我们的世界看成是遍布于无限空间的无限均匀的原始物质中无数旋涡中的一个，并视这种物质与上帝等同。但我必须指出，正像阿那克西曼德的泛神论随着希腊哲学的发展而让位给另一种学说——根据这种学说，世界不是上帝而是上帝的造物——一样，布鲁诺的泛神论也让位给另一种学说，根据这种学说，世界不是神性的，而是机械的，这就意味着有个超越的上帝，是他设计并建造了它。自然作为机器的观念对一元论是致命的。一部机器总意味着在它之外有某 100

种东西。因此，随着自然的有机论观点的消失，自然与上帝的同一性立刻被打破。

另一方面，布鲁诺的思想在如此多的方面与斯宾诺莎相似，以致使人们认为，他之所以没能形成像斯宾诺莎那样完整的立场，只是由于布鲁诺是个非体系化和散漫的思想家，相对于方法和逻辑的一贯性来说，他更富于激情和直觉。但这不是全部的真相。斯宾诺莎的宇宙论以布鲁诺还没有设想过的整个机械论的宇宙理论为前提。斯宾诺莎的伟大功绩在于，把两个在布鲁诺那里还未区分开来的概念，即机械物质的世界概念和精神的世界概念，结合起来，而这两者的分离是笛卡尔做出的。

布鲁诺对本原和原因这两个观念的综合只是表面的。他的本原指内在原因(Cause Sui)，他的原因则指外在的原因，比如 A 是 B 的原因。用泛神论的话说，世界也就是上帝，作为一个总体，是它自身的原因；但任一特定事件的原因，并不是世界整体而是其他的特定事件。因为整体并不超越于它的这个或那个部分，它内在于这个或那个部分；超越于任何一部分的只能是另外的部分。说整体超越于某一部分，是把整体降到自身某一部分的地位上去。要澄清这种混淆，布鲁诺还得迈出他从未迈出的决定性的一步，即放弃自然是一个有机体的概念，建立自然是一部机器的概念。

五　培根

于是，二元论在布鲁诺那里没有被克服，一种二元论在内在原因和外在原因(导致自身运动和被他物导致运动)之间保持着。这就是为什么在17世纪二元论大泛滥的原因，比如(a)形而上学中的身与心；(b)宇宙论中的自然与上帝；(c)认识论中的理性主义与经验主义。

这些二元论与笛卡尔一起出现。在培根（1561—1626）那里， 101
它们还未被意识到。这可以从他对科学方法的说明中看出来。在这里他没有发现什么困难。他既反经验主义又反理性主义，把经验主义者比作蚂蚁，把理性主义者比作蜘蛛，而真正的科学家像一只蜜蜂，能把从花中采来的东西酿成一种新的精致的物质。这就是，科学家通过理论指导下的实验而取得进步，并用它们去检验和证实这些理论。在他的形而上学中，培根按照17世纪的传统把自然界所有质的区别看作是结构性差别的函数，而这些结构差别根本上是量的特征，或者说服从数学的研究。因此，他坚定地相信物质的均一性和统一性，但他对这一原则的内涵的把握非常不充分，他从未意识到数学在物理科学中至高无上的重要性。所以，尽管把他与科学方法中的经验主义倾向等同起来是相当错误的，因为从理论上他与之彻底决裂了，但在实践上，他往往陷于这种倾向之中，对质的差别进行分类而不是用量的术语解释这些差别。

六　吉尔伯特和开普勒

吉尔伯特(Gilbert)论磁学的著作在1600年出版并遭到培根的反对，但正是它确定了自然的一般理论的下一步骤。研究磁铁的吸引力的吉尔伯特，设想吸引力遍及整个自然，所有的物体都将这种吸引力施予所有其他物体。开普勒(Kepler,1571—1630)在17 世纪早期发展了这个设想,得出富有意义的结果。他说,无论在什么地方,只要一旦静止,所有的物体凭本性都趋于保持这种静止——这就建立了惯性原理,并断然地抛弃了希腊和文艺复兴早期的天然运动(natural movement)概念。但是他又说,每当一物体靠近另一物体,它的静止就被一个相互作用破坏了,这种作用趋向于把所有物体拉向它的附近。于是,一块石头下落是因为地球吸引它;类似的,开普勒设想潮汐运动是因为月亮的吸引。顺着这条导向引力现象的线索,开普勒迈出了重要的一步。他提出,在物理学的处理中,灵魂(anima)这个词应当用力(vis)这个词来代替,换句话说,自身是量的并且产生量的变化的机械能的概念,应该取
102 代产生质变的活力能的概念。

七　伽利略

对开普勒而言,这还只是放在脚注里的一种设想,而对伽利略(1564—1642),它是被明确把握住的一条原理,它的先决条件也有明确地阐述。

> 伽利略写道:"哲学被写在那部永远在我们眼前打开着的大书上,我指的是宇宙;但只有学会它的书写语言并熟悉了它的书写字符以后,我们才能读它。它是用数学语言写成的,字母是三角形、圆以及其他几何图形,没有这些工具,人类连一

个词也无法理解。”①

意思很清楚：自然的真理在于数学的事实；自然中真实的和可理解的是那些可测量并且是定量的东西。质的差别，像颜色之间、声音之间的差别，等等，在自然界的结构中没有位置，而只是确定的自然物体作用于我们的感觉器官在我们中造出的变型。这里，洛克讲授的第二性质的心灵—依赖理论或仅仅是表面现象的理论，已经完全成熟了。英国的哲学生们，从洛克那里发现了这个理论，但并不总是意识到它根本不是洛克的发明，而是在很早以前就被伽利略作为一个重要的真理讲出来，而且事实上，它是之前两个世纪整个科学运动中的主导性原理之一。到了洛克的时代，它已经有些过时了，并准备瓦解于贝克莱的弹指一触。

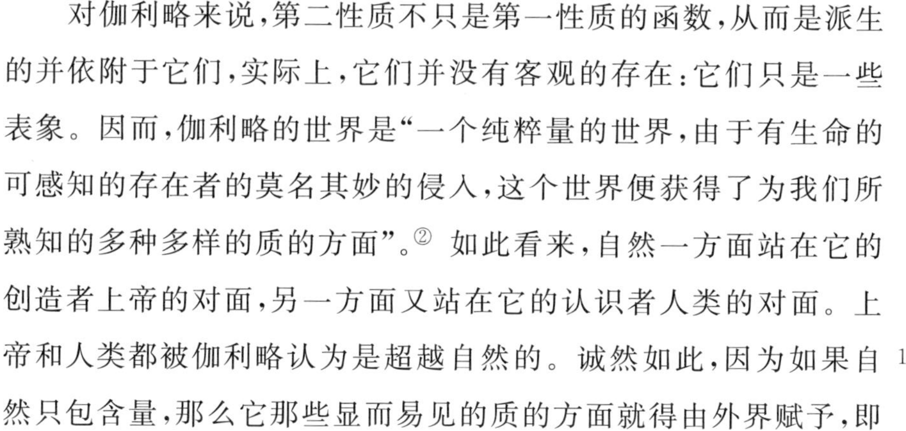

对伽利略来说，第二性质不只是第一性质的函数，从而是派生的并依附于它们，实际上，它们并没有客观的存在：它们只是一些表象。因而，伽利略的世界是“一个纯粹量的世界，由于有生命的可感知的存在者的莫名其妙的侵入，这个世界便获得了为我们所熟知的多种多样的质的方面”。② 如此看来，自然一方面站在它的创造者上帝的对面，另一方面又站在它的认识者人类的对面。上
帝和人类都被伽利略认为是超越自然的。诚然如此，因为如果自 103
然只包含量，那么它那些显而易见的质的方面就得由外界赋予，即

① “Il Saggiatore”(*Opere*, 1890, &c., vi, p. 232). 引自 G. da Ruggiero, *La filosofia moderna*, i(Bari, 1933), p. 70.

② Ruggiero, op. cit., p. 74.

由超越于它的人类的心灵来赋予；与此同时，如果自然不再被视作是一个活的有机体而是没有活力的物质，它就不能被看作是自我创造的，而必须有一个它之外的起因。

八　精神与物质。唯物主义

由于伽利略，现代自然科学达到了成熟状态。正是他第一个明确地、最终地规定了自然可能成为充分可靠地科学知识之对象的条件。简言之，这些条件就是把一切质的东西排除在外，把自然实在限制在量——时间的量或空间的量——的复合体上，除了量别无其他。伽利略所理解的科学原理是，唯有可测量的才是科学上可认识的。

我已经指出了达到这个概念的几个步骤，为达到它所付出的代价还有待做出估计。首先，自然不再是一个有机体而是一部机器，也就是说，它的变化和过程不是由终极因而只是由动力因造成并引导。它们不是倾向或努力；它们没有被引导或定向到去实现任何尚未存在的东西；它们仅仅是运动，由已经存在的物体的作用产生的运动，不论这种作用是碰撞性质的，还是吸引或排斥性质的。其次，那些从自然概念中被驱逐的东西，必须在形而上学理论中找到一个另外的栖身之所。这些无家可归的实体分成两部分：第一是所有的质；第二是心灵。伽利略在这个问题上的观点被笛卡尔和洛克所接受，并成为 17 世纪的正统理论。根据他的观点，心灵在自然之外构成了一个存在者的等级，而质则被解释为心灵的表象，用笛卡尔的话说，它们“属于心灵与物体的结合”。我们了解它们所凭借的感觉，一般来说就是我们了解那个结合的器官。104 这就是心灵和物质的双实体理论，但它一直遭到强大的少数派的强烈反对。笛卡尔本人，伽利略的具有最好的哲学训练的追随者，坚持这个双实体理论，但意识到两个实体必须有一个共同的来源——他将之等同于上帝。他非常正确地指出，在那种情况下，“实体”这个词只有用在上帝身上才恰当：因为如果一个实体是某种凭借自身而存在的东西，不需要任何别的什么（这是他对它的定义），那么，由上帝创造并且为了存在而需要上帝的物质和心灵，严格说来就根本不是实体。它们只是在这个词的次要意义上才是实体。

然而在笛卡尔有生之年里，文艺复兴的泛神论倾向朝着一个新的方向发展。自然界自我创造、自我控制的观念与自然是一部机器的观念结合起来，推出了一个自然的唯物主义理论。这场运动的领导人是新伊壁鸠鲁主义者伽桑狄（Gassendi）。他认为，伽利略描述的量的与机械的自然是唯一的实在，心灵只是物质元素的某一特殊的图式或结构。这给出了一个很有形而上学吸引力的一元论结果，但它绝不可能被具体地设计出来，因为谁也无法解释（更不要说由实验证明），究竟什么样的物质元素的精确图式造出了一般的心灵，或特定类型的精神气质和精神活动。

唯物主义作为文艺复兴泛神论的继承者，不仅持续存在并盛行于 17 世纪，而且遍布 18 世纪甚至 19 世纪，直到 19 世纪晚期兴起的新物质理论，才将它最终摧毁。直到最后，它仍然保持着它源自泛神论的印记。这表现在，它对待被设定为唯一实在的物质的态度，带有明显的宗教特征。它否认上帝，只是因为它已把上帝的属性转移到了物质身上，作为一神论传统的后代，它认为一个上帝足够了。现象是如此的统一，以致一般说来，我们只要看某人谈到物质世界时习惯上采用虔诚的基督徒的传统形式，就能知道他是个唯物主义作者。有时他甚至会向物质世界祈祷。因此，著名的
105 唯物主义者霍尔巴赫（Baron d'Holbach，1723—1789，生于德国的埃德希海姆，却能写一手最清新高雅的法文）在结束其《自然体系》（*Du système de la Nature*）这部伟大著作时，用了一段简直就是向物质祷告的文字，只要把其中此处与彼处的一个词变动一下，任何读者都难免会把它看作是基督徒虔诚的倾吐。

另一方面，从科学意义上讲，唯物主义自始至终与其说是一个成就不如说是一个愿望。它的上帝总是创造奇迹，而他的神秘的方法我们不可得知。我们一直怀抱希望，有朝一日随着科学的进步我们便可得知。因此，通过为自己开尚未到手的资产的巨额支票，唯物主义的科学信誉才得以维持。如果没有实验室里实验的确证——像生物化学家成功地合成了尿素所提供的那种确证，像“大脑分泌思想的方式正如胆囊分泌胆汁”这种陈述，作为一条宗教信条也许能说得过去，但从科学上看根本就是唬人。

九　斯宾诺莎

唯物主义尽管长期有着少数派的声誉，但一直保持为欧洲思想的主流传统的一个方面，是文艺复兴思想中停滞不前的一支。其主流从笛卡尔流向另一个方向，即由斯宾诺莎、牛顿、莱布尼兹（Leibniz）和洛克所继承的方向。他们这些人的共同之处在于认

为物质和精神是两种东西，它们都以某种方式来自它们的源头上帝。作为万物的源头，上帝被认为同时在两个方向上工作。在一个方向上，他创造了自然界或物质世界；在另一个方向上，他创造了人类心灵以及其他可能存在的心灵。

笛卡尔本人对这一发展做了足够清楚的说明，因为正如我已经说过的，笛卡尔并没有发展出一个简单的或无限定的双实体理论，相反，他限定了那个理论，认为由于实体意味着自己存在或凭借自身而存在，所以严格说来只有一个实体，那就是上帝。

斯宾诺莎认真地对待这个限定，并得出了它的逻辑结论。他
同意只存在一个实体，即上帝。由于不可能再有其他的实体，所以 106
心灵或物质都不是实体，心灵或物质也都不是上帝创造的实体。他说心灵和物质是一个实体的两个“属性”，而这一个实体，他追随布鲁诺的方式但更具系统连贯性，满不在乎地称之为上帝和自然，把它描述成一个无限的不变的整体：作为广延，它是物质世界；作为思维，它是心灵世界。这两方面都包含有限的、变化的和易朽的部分，它们同时是单个的物体和单个的心灵。仅仅通过动力因的作用即其他部分在它之上的作用，才使各个部分历经它的变化。这里斯宾诺莎纠正了布鲁诺的错误，扫清了文艺复兴早期物活论的最后一点残迹，并且，在全部接受伽利略的物理学的同时，克服了它哲学上主要的自相矛盾之处：即一方面把物质的自然与感知的心灵分离开，另一方面又把物质的自然与它神圣的创造者分离开来。他坚持物质的自然与心灵是不可分割的整体，并称这个整体为上帝。尽管斯宾诺沙的宇宙论有突出的价值——我无法在这段简单的描述里公正地评价它——但它还是失败了，因为广延和

思维这两个属性可以说全凭强力才被结合在理论中：斯宾诺莎不能给出为什么广延的东西也应该思维，思维的东西也应该有广延的理由。其结果，这个理论归根结底还是难以理解的，仍然不过是一个蛮横的断言。

十　牛顿

如果斯宾诺莎关于物体与心灵关系的理论归根结底是难以理解的，那么很显然，正是一个具有超凡智慧的心灵的工作，理解了笛卡尔理论的不足之处，并且神奇地把它改正过来。这确实就是我们对牛顿(1642—1727)能够说的。他的工作已使他可靠地进入伟大思想家的行列。当华兹华斯(Wordsworth)把他在剑桥三一学院里的雕像描述成

一个心灵的大理石标记
曾经茕然航行在思想的奇特海洋上

他所高估的与其说是牛顿的伟大，还不如说是他的孤独和他所探
107 究的思想的奇特性。在数学上，他的确是一个创新者，是微积分的著名发现者，但在这方面，他非但不孤独，相反，莱布尼兹同时且独立的对相同方法的发现，引起了两个伟人之间的一场争吵，这反映了两位道德品质上的毛病。无论如何，他们两人都从一个更为重要的发明即笛卡尔的解析几何中，获得了这个发现的种子。牛顿的天才在于他的耐心和仔细周到，借此他从细节上制定出了他所

说的“自然哲学的数学原理”，并以此为自己的不朽之作命名（1687年第一版，1713年第二版，1726年第三版）。但这部书的主要观点正好就是笛卡尔的观点，即“普遍科学”的形式是数学的；他置于第三卷开头的方法准则得之于培根；他所发展的宇宙学正好就是伽利略的宇宙学——按照这种宇宙论，自然界是一个由具有广延、形状、数量、运动和静止的物体组成的世界——但被开普勒力的概念以及吉尔伯特关于物体之间普遍吸引的假设所修正：这个自然界被以伽利略的方式视为一架由上帝创造且为人类所懂得的机器，而人类这种有情感的造物，有能力赋予它颜色、声音等自然界本身并不具有的“第二性质”。

牛顿还受到新伊壁鸠鲁主义者的影响。追随他们，他相信所有的物体都由处在空虚空间中的微小颗粒组成。他认为，在这个空虚空间中，它们的运动或静止由两种力决定：*vis insita*（内在力）或惯性（一个得自伽利略的概念），由于它，它们或者静止或者做匀速直线运动；以及 *vis impressa*（外在力），它引起加速运动，并且他发现存在不止一种这样的力。他列出了两种：(i)引力或重力，他在数学上把它规定为一个相互吸引的力，与两物体的质量之积成正比（质量被定义为物质的量），与它们质心之间的距离的平方成反比（质心被循环地定义为重力的中心）变化的相互吸引力；(ii)电力，对此他独具个性地拒绝讲任何话，因为我们目前的实验 108
知识尚不充足。

牛顿似乎并没有意识到在他的自然哲学的基础中潜藏着的理论上的困难，尽管它们中的许多非常早就为人所熟悉。在附在他的定义之后的“注释”（*Scholium*）中，他把绝对时间与相对时间区分开来：绝对时间“就其本身来说，均匀地流逝而与任何外在的情况无关”，相对时间则“由运动来计算”。他没有追问这两种时间是否真的有区别。任何东西不相对于某种静止不动的东西，如何能够被说成是“流逝”呢？或者，除非它的流逝被运动所度量，否则如何能够说它“均匀地”流逝呢？他还区分了“处处是均匀和不变”的绝对空间与“由我们的感觉根据它相对于物体的位置来确定”的相对空间，同样没有追问任何问题。他区分绝对运动与相对运动，用的还是相当不加批判的方式。所有这些未加批判的区分，构成了他整个著作的基础。对于一个批判的眼光来说，只须看一眼这些区别便会立即消失，并得出牛顿的后继者后来自觉接受的结论，即对于牛顿称为“实验哲学”的东西来说，唯一的时间就是相对时间，唯一的空间就是相对空间，唯一的运动就是相对运动。

与此类似，在著作最后的“总释”（*Scholium Generale*）中，他用无懈可击的论据推翻了笛卡尔的涡旋理论（笛卡尔的观点是，普通称为虚空的空间，充满着处在不断运动中的连续而精微的物质，它环绕每一粗大物质的主体以旋涡方式转动，比如，一个行星的圆周运动就是由于它漂浮在这种精微物质之中并被携带在太阳旋涡中转动），并且认为，他已经以这种方式推翻了所有空间充满物质的理论，并且建立了虚空空间的实在性。他论证道，由于我们不能够按他的原理解释为什么所有的行星都围绕着太阳朝同一方向运转，或者为什么它们的轨道被安排得使它们从不相互碰撞，因此，这个“无比美妙的太阳系结构只能由一个有智慧的存在者的设计
109 和力量创造出来”。于是，牛顿把自己方法上的局限性提升为一个对上帝存在性的证据。最后，在整部著作的末了一段，似乎为了对

他没有完成笛卡尔的普遍数学科学的纲领表示歉意，他提醒人们注意一些被他遗漏的东西。这里我把整段话翻译出来。

> “我希望就非常精微的精气说几句。它弥漫于粗钝物体中并潜藏下来，靠着它的力，物体的粒子相互吸引到很近的距离内，并在这种邻近状态下粘着；带电物体在较远的距离内便起作用，排斥又吸引它们；光被发射、反射、折射、屈射，并使物体受热；感觉被激发，动物肢体被随意地运动，是因为这种精气的震颤通过可靠的神经纤维由外部感觉器官传到大脑，再由大脑传到肌肉。但这些事情不能用几句话解释清楚，也没有足够的实验凭借，将这种精气作用的定律精确地确定和证实下来。”

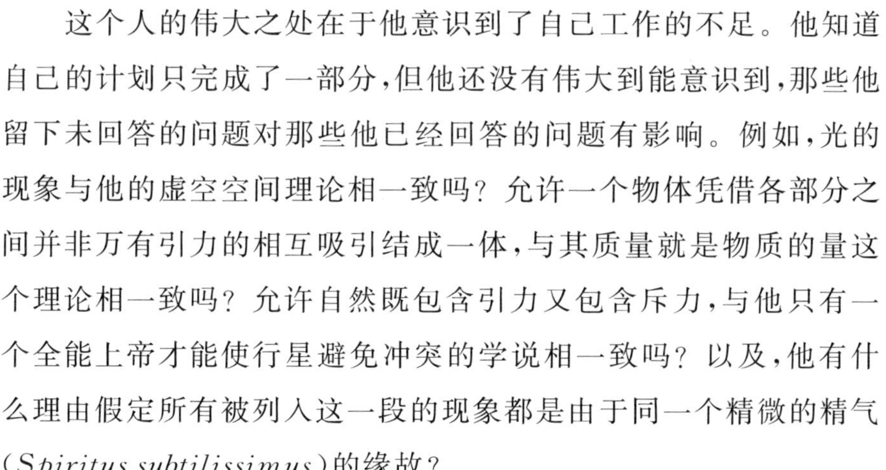

这个人的伟大之处在于他意识到了自己工作的不足。他知道自己的计划只完成了一部分，但他还没有伟大到能意识到，那些他留下未回答的问题对那些他已经回答的问题有影响。例如，光的现象与他的虚空空间理论相一致吗？允许一个物体凭借各部分之间并非万有引力的相互吸引结成一体，与其质量就是物质的量这个理论相一致吗？允许自然既包含引力又包含斥力，与他只有一个全能上帝才能使行星避免冲突的学说相一致吗？以及，他有什么理由假定所有被列入这一段的现象都是由于同一个精微的精气（*Spiritus subtilissimus*）的缘故？

牛顿 27 岁成为教授，43 岁出版《原理》，54 到 85 岁期间管理造币厂，并过着晚年的退休生活。在我上引的那一段所提出的未解决的问题中，有一个我们知道他是试着去解决的：那就是光的问题。他在1704年的《光学》中发表了他的结果，时年62岁，但他自己，也与他曾向之提出这些以供批评的朋友一样，感到它们并不令人满意。他已与那个精微的精气决一胜负，但却失败了。也许如
110 下的推断是合理的：对于我已提请注意的那些宇宙论的基本问题的不在意和第二手的思考，证明是他最终失败的原因。

十一　莱布尼兹

莱布尼兹的宇宙论基本上同斯宾诺莎的没有什么不同，最后也是败于同一困难之下。对他来说，实在同样既是物质的又是精神的，具有广延和思维。它由单子(monads)构成。每个单子是一个点，与其他点发生空间关系，但同时又是一个能理解其环境的心灵。主张每一块物质都有其心灵，这个自相矛盾被低级心灵(low-grade mind)的概念所消除。这个概念指的是远比我们的心灵更原始和更不完善的心灵，其感觉和意志仅仅是远在意识的临界值以下的精神的瞬间闪现而已。斯宾诺莎和莱布尼兹的巨大差别在于，莱布尼兹着重重申了目的因理论。他有一个明确的发展概念，而且注意到没有目的便没有发展。与此同时他发现，如果原始的心灵是无意识的，它也可以有目的而且对之没有意识。这样，莱布尼兹的自然是一个庞大的有机体，其部分是更小的有机体，被生命、生长和努力所渗透，组成了以几乎纯粹的机械为一端、以有灵生命发展出的最高意识为另一端的一个连续的等级，并带着一种恒常的驱动或奋争，沿着等级奋进向上。诚然，这个理论同样有巨

大的优点，但实在的精神方面与物质方面的关系，归根结底还是不可理解的。因为就像斯宾诺莎在此之前看出的，莱布尼兹也看出，一个有机体作为物质的生命，即自然的物理过程，必须由纯粹的物理定律来说明，而它作为精神的生命又必须仅仅由心灵的定律来说明；所以，当他问自己为什么对我身体的打击会伴随着心灵的痛苦时，他给不出任何答案，除了说在两个事件的系列之间有一种预定的和谐（pre-established harmony）——由上帝这个所有单子的
单子的法令所预先确定的和谐。但是，用这种说法，莱布尼兹并没 111
有解决问题，他只是给了它一个长长的名称。

十二　概述：希腊宇宙论与文艺复兴宇宙论的对比

在进行下一步之前，让我们先停下来对我们所处的形势作个回顾。对于早期希腊人来说（经过某些限定也可以说对于所有的希腊人来说），自然是一个巨大的有生命的有机体，由在空间中伸展的物质物体所组成，被时间中的时刻所渗透。整个机体赋有生命，因此它所有的运动都是生命运动，并且所有这些运动是有目的的，受理智的引导。这个有生命和能思想的实体，处处是活的，处处被赋有灵魂和理性，就此而言它是处处均匀同质的；它的不同部分由不同的物质组成，各自具有它特定质的本性和作用模式，就此而言它是不同质的。如此深刻地困扰着现代思想的问题——死物质与活物质的关系问题，物质和心灵的关系问题——在这里都不存在。没有任何死物质，因为天体季节性的转动与一棵树上叶子

季节性的生长和下落之间原则性的差异，或者天上行星的运动与水里鱼儿的运动之间原则性的差异，并未被意识到。人们从不会假定，一种现象可以被某种不能用于另一种现象的规律来解释。也不存在物质和心灵的关系问题，因为希腊人没有意识到在雅典人接受和遵守梭伦(Solon)法的方式，或斯巴达人遵守吕库尔戈斯(Lycurgus)法的方式，与无生命的物体接受和遵循它们所属的那些自然律的方式之间，有什么不同。不存在没有心灵的物质世界，也不存在没有物质的精神世界。物质正是那万物由以构成的东西，本身是无形式的、不确定的，而心灵正是万物借以理解其自身变化之目的因的活动性。

到了 17 世纪，所有这些都变了。科学发现了一个相当特殊意义上的物质世界：一个死物质的世界，范围无限且到处充满运动，
112 但全然缺乏根本的质的区别，并由普遍相同且纯粹数量的力所驱动。“物质”这个词获得了新的含义：它不再是无形式的材料——通过形式对它的强加而构成万物，而是定量组织起来的运动事物的整体。现在，这个新的物质世界的观念不是一个徒然的想象，它已经以物理科学的形式产生了坚实的成果，像伽利略和牛顿这些人所做出的工作。这门新的物理科学被各方面公认为人类理智一个真实可靠的领地，也许是自希腊人发明数学以来人类知识所做出的最伟大最可靠的进步。正像柏拉图时期的希腊哲学最为重视数学，视之为既定的事实，因而不问它是否可能而问它如何可能一样，17 世纪以来的现代哲学不得不把重视物理学作为它的首要职责，承认由伽利略、牛顿和他们的继承者直到爱因斯坦(Einstein)为人类所获得的知识是真实的知识，从而不问这个量的物质世界

是否可知，而是问为什么可知。

我已经指出 17 世纪期间有两种方法没能成功地回答这个问题。一个是唯物主义，它试图把知识解释成作为一种特殊物质的心灵的特殊活动。这种理论不能成立，因为现代的物质观念本质上包含着这样的基本假定，即所有物质的活动都能用定量的术语来描述，正像运动被在时空中数学的加以确定一样，而知识则根本不能用这些术语来描述。另一个是双实体理论以及斯宾诺莎和莱布尼兹对它的修正。它不能成立，是因为照那样设想的话，心灵与物质之间就不可能看出任何联结。这类理论的必然结论是对如下观点的归谬：心灵只能知道它自身的状态，而按假定，物质世界不是一种心灵的状态。

113 第二章　18世纪

17 世纪把发现物质与心灵之间某种内在联结这个未解决的难题留给了 18 世纪：这种联结既保持它们各自的特性，又使它们真正可理解地成为同一世界的组成部分。要防止两种错误：首先，它们的基本区别和对立不可否认——心灵不能被还原为一种特殊的物质，物质不能被还原为心灵的一种特殊形式；其次，在承认区别和对立的同时，不能因此而否定联系二者的基本的统一。所谓"基本的"统一是指这个统一对被统一事物的存在是必要的。如果一根绳子紧紧拉在两根柱子之间，那么就有一个方向的张力作用在一根柱子上，和相反方向的另一个张力作用在另一根柱子上。这些是不同的张力。它们作用方向相反。如果这两根柱子构造不同，在地面埋置得也不同，它们作用的方式也将大不相同。然而，它们之间总存在一个基本的统一，因为一个张力以另一个张力为条件。

一　贝克莱

贝克莱给这个难题提出了一个解决方案。17 世纪把自然解释为一个由惰性物质——这种物质的每一运动都是由某种 *vis impressa*（外力），即某种外部的动力因的作用所造成——组成的复合体，这个复合体可以纯粹定量地描述，而且全然没有质的差别。贝克莱在接受这些后指出，这种观念是一个抽象的观念，即基本上是不全面的某种观念，因而它对声称要阐述的事物必定只作了部分而非全面的说明。用他通过洛克从笛卡尔和伽利略那里继承的语言说，被物理学家所描述的物质世界只具有第一性质，而作为我们实际知道的自然，却还具有第二性质。在自然中我们找不到具有第一性质而不具有第二性质的东西，或者更准确地说，我们 114
找不到纯粹的量而没有质的东西。有量无质是一种抽象。一个有量无质的世界是一个 *ens rationis*（理论上的东西），不是一个自我存在的实在，而是实在的某些被选定侧面的示意图。这是贝克莱论证的第一步。第二步是：新的理论——同样是通过洛克从笛卡尔和伽利略那里继承的——把自然中所有质的差别归结为心灵的作品。颜色存在，因为它们被看见，如此等等。如果是这样的话，即自然中一个完整的要素，就其实际的存在而言，是心灵的作品，并且如果自然作为一个整体没有这个要素就不能存在，那么，结论就是，自然作为一个整体是心灵的作品。

于是我们得到了一个全新的形而上学观点。在接受了 17 世纪宇宙论传统的要素并加以简单的重组的同时，贝克莱指出，如果实体是指以自己的权利存在并且只依赖自身的东西，那么只有一种实体必须被承认是存在的，这就是心灵。自然就其对于我们日常感知觉的经验性存在而言，是心灵的作品或创造物。伽利略意义上的自然即物理学家的纯粹量的物质世界，是从这里进行的抽象，它可以说是自然的骨架或盔甲，我们通过我们的感觉感知它，并且在感知它的过程中创造它。总结一下：首先，我们通过精神能力的操作，创造出我们从日常经验中认识到的温暖、有生命、有颜色、有血有肉的自然界；然后，通过抽象思维的操作，我们去掉血肉，留下骨架。这个骨架就是物理学家的“物质世界”。

就后来重新表述的贝克莱论证的本质而言，没有什么毛病。他表述的时候常常很仓促，经常试图用还远不够完善的论据来支持他的论点，但是对细节的批评并不影响他的主要立场。一旦人们理解他所面临的难题，就必然会意识到他以一种唯一可行的办法解决了它。他的结论也许看起来不太令人信服，而它在我们面前摆出的种种难题又是不可否认的，但我们不能不承认，如果心灵
115 和物质的概念按 17 世纪宇宙论的定义来定义，那么寻找它们之间基本关联的难题只能按贝克莱解决它的方法才能解决。贝克莱论证的重点依赖于如下论题：物质作为被普遍承认的它之所是，只能由心灵的一种双重操作在上述两个阶段里被创造出来。但他完全没有回答这个补充性的问题，即，心灵作为它之所是，为什么要施行这个双重操作并从而创造出物质呢？这个问题是由康德在《纯粹理性批判》中被称为“先验分析论”的部分中提出的。他的回答是：如果现行的心灵理论是正确的，也就是说，思维活动已被逻辑学家做了正确地描述，那么，物理学家在物质世界见到的特征，正好就是在知性为其自身所构建的任何客体中都会存在的那些特征。换句话说，任何一个会思维的人，只要照逻辑学家描述的方式去思维，就会发现自己正在构造的客体具有被 17 世纪物理学家归之于物质的那些特征。

但这里还有另一个问题，贝克莱和康德本人都没有做出充分的回答。如果自然作为思维活动的产物是由心灵创造的，那么是什么心灵创造了自然？显然它不是这个或那个人类个体独立自足

的心灵。贝克莱、康德以及所有他们的追随者，都决不会认为是哥白尼创造了日心行星系，开普勒创造了它的椭圆轨道，牛顿创造了两个物体的相互吸引力与它们质心距离之间的平方反比关系。贝克莱相当明确地主张，物理世界的创造者不是任何人类或有限的心灵，而是一个无限的或神性的心灵，即被看作绝对主体或思想者的上帝。这样，他就摧毁了文艺复兴思想家们的泛神论，即主张物理世界或物质世界是上帝的身体的理论——这个理论不但在贝克莱时代依然流行的唯物主义中残存，而且还部分地残存于斯宾诺莎和莱布尼兹的思想中。上帝对于贝克莱，如同对于柏拉图、亚里士多德以及基督教神学一样，是纯粹的思维并且没有身体；世界不是上帝而是上帝的创造物，是由他的思维活动创造出来的某种东西。但是，上帝的无限心灵与各种有限的人类心灵的关系问题随之出现了。在贝克莱看来，这是两种很不相同的心灵：上帝的心灵成为某种类似于亚里士多德的 *intellectus agens*（理性的动因）的 116
东西，它创造它所思维的东西；人类的心灵则成为某种被动的理智，它被动地去理解一个由上帝给定的客观秩序。然而，这与贝克莱自己的出发点并不真的一致，因为当他继承了洛克的理论，即心灵至少创造了自然的一部分——第二性质时，这个理论就意味着这里所说的心灵就是人类的心灵。否认了这个，贝克莱式唯心主义的整个结构就土崩瓦解了。

二　康德

康德比贝克莱更谨慎更有逻辑，他坚持这种造就了自然的心灵是一种纯粹的人类心灵（*bloss menschliches*），但同样又不是个体的人类思想者的心灵，而是一个先验的自我，即所说的精神能力或纯粹的知性。它内在于所有的人类思维中，并且尽管它造就(make)自然，但不创造(create)自然。这样，康德形式的唯心主义把自然——我指的也是康德所指的自然，是物理学家的自然，是伽利略和牛顿的物质世界——描写成一种产物，一种并非任意和非理性的，而根本上是理性和必然的产物，是看待事物的人类方式的产物。当我们问这些事物本来是什么的时候，康德简单地回答说，我们不知道。

物自体(thing in itself)问题是康德哲学中最费解的问题之一。它之所以会这样费解，是因为要阐述这个问题，似乎不可能不自相矛盾。这个问题以某种方式阐述成这样：

无论我们认识什么，我们的认识总同时是直觉的和推论的，也就是，感觉和知性相结合的运用。唯一真正的直觉是感官的直觉，而知性唯一有效的运用，就是去思考我们通过感官感知的事物。因此，唯一的知识是有智能的感觉或有思考的感觉。我们所认识到的东西是由(使用一个现代术语)感觉与料(sense-data)构成的，并且康德接受了近两个世纪以来一直被接受的观点，即感觉与料只有与感觉相联系才能存在。它们本质上是与料，因而为了存在就必须被给予和被接受。所以，所有我们认识到的都只是现象，也
117 就是说，它只有与我们认识着的心灵相联系才能存在。到此为止，这些都还足够一致，但接下来出现了矛盾。被给予这些与料的心灵本身并不是一个与料，而给予它与料的物自体也不是一个与料。这个论证意味着一定有心灵存在，一定有物自体存在；如果这些东西不存在，那么整个论证就不能成立；然而，由于我们只能认识现

象，所以不能在论证中认识心灵和物自体。如果是这样的话，我们又怎么能说它们存在呢？如果物自体仅是未知物的同义词，那么它就是个无意义的短语，使得它所参与的任何论证也成为无意义的。然而，它又的确作为一个必不可少的因素参与了康德哲学的整个结构。

康德自己想摆脱这个难题的企图，常常使他的读者觉得无异于雪上加霜。他说，尽管我们不可能**认识**物自体，但我们可以**思考**它。比如，我们把它看作是给我们感觉与料的东西，从而看作是某种具有创造性的以及理性的创造性的东西。由于他的伦理学研究使他确信理性的创造性活动在人的意志中被找到，他竟然真的提出物自体比其他东西都更像**意志**。这把他带回到与贝克莱和亚里士多德的形而上学相去不远的一种形而上学之上——根据这种形而上学，现象的根本的基础要在无论如何更像心灵而非物质的东西中寻找。康德的观点是，既然为我们所认识的自然或物质世界只是一个现象的集合体，从我们的思维活动中获取它们的存在，且从根本上与这些活动相联系，那么，作为活跃的道德行动者的实践经验向我们所揭示的，就不只是精神现象的集合体而是心灵本身。任何在实验室条件下（比如心理学家做的）对心灵的“科学”研究，都将会得到“精神现象”的结构，它与我们思维模式的关联，恰如自然现象与思维模式的关联一样。如果我们想知道心灵本身真正是什么，回答是“只要行动，你就会发现”。在行动中，我们“面对实在”，而在科学研究中从未这样。行动的生命是这样一种生命，在其中，人类心灵达到其自身的实在性，即作为心灵的自身存在，与 118
此同时，达到对其自身作为心灵的实在性的意识。

随着康德批判哲学的发展，它至少发生了两次自相矛盾。在第一个批判（纯粹理性批判）中，他研究物理科学或自然知识的形而上学基础。他的理论是：我们只能认识一个我们在认识的行动中造出的现象界。在第二个批判（实践理性批判）中，他研究道德经验的形而上学基础。他的理论是：在道德经验中我们认识了作为物自体的我们自己的心灵。在第三个批判（判断力批判）中，他的理论是：构成自然现象基础的物自体具有心灵的特征。这样，我们在实践或道德经验中所认识的，与我们作为自然科学研究者的理论经验中所思考的，是同一种类的东西，但我们在理论经验中无法认识这种东西。

普通的现代读者忽视康德哲学的这一方面，因为严肃地看待这个理论，似乎是对他的理智的一种侮辱：这个理论在告诉他物自体是不可知的同时又要求告诉他它是什么。不过，这是对康德的误解。康德从不认为，在他的批评者所理解的那种意义上，物自体是不可知的。*Wissen*（知识）与*Wissenschaft*（科学）这两个词在康德那里，有着"科学"这个词在现代日常英语中相同类型的特殊意义或被限定的意义。科学与一般意义上的知识是不同的。只有一个特定种类或形式的知识，其恰当的对象才是自然，其恰当的程序方法才正好是知觉与思想相结合、感性与知性相结合——康德在《纯粹理性批判》的感性篇和分析篇中对此试着做了描述。康德没有给我们提供一个现代意义上的知识论，他给予我们的是一个关于科学知识的理论。当他说我们尽管不能认识物自体，但可以思考它时，他的意思是，我们有它的知识但不是科学知识。

在这一点上我要指出：为科学知识划出一个特定的领域，在此

之外应该有其他的领域，用其他的思想形式去探索，这种努力并不 119
新鲜。在笛卡尔的普遍科学的计划里，明确地设想在它之外有历史、诗歌和神学三个广大的领域。笛卡尔并不认为在这些领域中有效的思想形式是无效、无价值的。当他告诉我们他给予它们以高度的重要性时，我们无权对他的真诚表示怀疑。但他认为在这些领域中，他提出的方法——正因为它是一种狭义意义上的科学方法——不能使用。康德从笛卡尔那里继承了这一观点，但与笛卡尔的主要不同点在于：笛卡尔把形而上学放在科学方法的恰当范围之中，康德则把它放在外面。

康德的观点就是这样：科学知识的恰当对象不是上帝、精神或物自体，而是自然；科学知识的恰当方法是感性与知性的结合；并且，由于自然就是我们通过这种方法来认识的东西，所以自然仅仅是现象，一个如其向我们显现的事物的世界——它在科学上是可知的，因为它们呈现的方式是完全规则和可预测的，但只有我们占据事物借以具有那种显现的观察点，它才是存在的。我们知道这些真相，是通过一种并非科学的知识——让我们把它称作哲学的知识。因此，我们关于存在物自体的知识，就是哲学的知识，而且这种知识必须告诉我们什么是物自体。

如果我们想确切地知道康德对物自体是怎么想的，换句话说，他关于它的哲学理论是什么，那么我们不可能得到清楚的回答。对这一事实有两种可能的解释。一般说来，如果某人没有说某些事情，原因或者是他对此拿不定主意，从而没有什么明确的东西要说，或者是他认为此事如此明白，无需再说。康德有可能是受了像伏尔泰和休谟那样的形而上学怀疑论作者的影响，以致他确实怀疑是否有可能存在一个关于物自体的哲学理论，尽管他自己的立场逻辑地包含了这种理论的可能性。还有可能，他早年所受莱布尼兹学派的教育仍然影响着他，致使他想当然地认为物自体就是
120 心灵。也许两种解释都有部分的道理，而又互不相容。当一个人刚从教条主义的迷梦中觉醒进入怀疑论的状态时，他还不会背离教条主义很远。无论其理由有可能是什么，以下这一点都是很显然的：当康德正确地坚持物自体的观念是他哲学中一个基本要素时（当他在晚年就这一点受到费希特（Fichte J. G.）的挑战时，他做了这个明确的答复），他从未承担职责去解决这一观念，以及去对自己说："由于我承认我们能够、也的确在思考物自体，所以我必须决定我们究竟是如何思考它的，以及我们认为它是什么。"

由于忘了做这件事情，康德迫使他的继承者替他去做。费希特试图通过删除它来解决这个问题。他清除了物自体，并把心灵表述成从无中构造自然。这样便造成了一种哲学，表面上看，它貌似一种首次获得一致性和逻辑性的康德主义，但它实际上摧毁了康德的问题而不是解决了它。这个问题并非来自对知识的一般考虑，而是来自自然的特殊性，即它是*被给予*心灵的某种东西，是心灵发现自己所面对的某种东西，而这就意味着存在一种物自体。因此，发展康德思想的另一种替代方法就成了正确的方法，它为黑格尔所采用。

第三章　黑格尔：向现代自然观转变 121

康德承认我们能够并且可以思考物自体，但他把发现我们事实上如何必须且确实在思考它的任务，留给了他的后来者。

把这个任务作为所有宇宙论之出发点承担下来的人是黑格尔。他否定了科学思维对知识称号的排他性声称，也否定了物自体不可知的观念。他断言，物自体是所有事物中最容易认识的，它就是纯存在，是没有任何特殊的质或量的规定性、空间或时间的规定性、物质或精神的规定性的存在。它看起来不可知的唯一原因在于，它里面没有任何特别的东西可供认识。它没有能与任何他物区别开来的特征，因此当我们努力去描述它而失败时，并非因为我们不能理解其本性的奥秘，而是因为我们对此再明白不过——它根本没有可描述的东西。一般的存在在特殊性上是无，于是按黑格尔的解释，纯存在的概念就转化为无的概念。这个从概念到概念的转化或逻辑转换，不单是我们的思维从一个概念到另一个概念的主观或心理学的转换，它是一个客观的转换，一个真实的过程，在这个过程中，一个概念从另一个作为它先决条件的概念中逻辑地演变出来。这就是生成（becoming）、发展或过程的观念，其首要或基本的形式是逻辑的生成：这个过程，不是时间中的过程或空间中的运动，更不是心灵的变化或思维的过程，而是概念的过

程，是概念本身内在的逻辑运动。这样，黑格尔就回答了物自体如何能够是创造性的，或者如何能够是他物的来源这个问题：它的活动与我们称为逻辑必然性的内在力量相同，借助这种力量，一个概念产生另一个概念，后者同时既是崭新的概念又是它自身的新形式。概念的生长像一个有机体，通过萌生出自身新的诸种规定
122 性——出发点相同但不同质——而从可能性发展为现实性。

黑格尔从这里出发发展了一个概念体系，他在他所谓的逻辑科学中对此进行了阐述。这个概念体系类似于柏拉图的那个非物质的、纯粹可理解的、有机构造的形式世界，并作为全部物质和精神存在的先决条件。黑格尔的概念和柏拉图的概念的不同之处是，柏拉图的形式世界是静态的、缺乏变化和生成，而黑格尔的则始终贯穿着过程，是能动的，其存在不断地在生成中流出，而在生成中，每一概念被逻辑的必然性导向下一个概念。这就克服了亚里士多德对柏拉图的拒绝之理由，即他的形式由于是静态的，所以无法解释自然界中变化和过程的起源。对黑格尔来说，自然中的变化以及自然的起源，都是概念世界中过程的一种结果或逻辑后果：逻辑在先是时间在先的基础。因此，黑格尔没有必要像亚里士多德那样，在他的宇宙论开端安排一个充当第一起因的思想者或心灵。他的确把上帝描述为逻辑科学研究的对象，但上帝对他而言不是心灵——那是一种错误地拟人化的看待上帝的方式。上帝是自我创造、自在生存的世界或纯粹概念的有机体，而心灵只是上帝从这一自我创造过程——也是创造世界的过程——中获得的规定性之一，尽管是最高最完善的规定性。这里包含了黑格尔对人的心灵与神的心灵关系问题的回答。这个问题贝克莱没有解决，

康德认为不可解而放弃：人在世界上的重要性恰好在于这样的事实，即他是心灵的载体，是这样的形式，在其中，上帝的存在或更确切说生成，把自身发展为它作为精神的存在或生成的最高状态。世界的过程被看作与上帝的自我创造的生命过程相等，在这一点上，它与泛神论相似，但与泛神论的不同在于，上帝自身作为纯粹创造性的概念先于物质世界，并作为它的原因而超越于它。

这个被黑格尔统称为理念的动态的形式世界，是自然的直接来源或创造者，并通过自然这个环节，成为心灵的来源和创造者。因此，黑格尔反对他所称呼的贝克莱和康德的主观唯心主义，按照 123
这种唯心主义，心灵是自然的先决条件或创造者。黑格尔认为，这颠倒了二者之间的关系。在这一方面，他偏向于唯物主义把自然视为心灵之来源的观点。在他眼里，唯物主义观点的唯一错误是把自然变成某种绝对的、自我创造的或自我解释的东西，然而实际上他又认为，主观唯心主义者和柏拉图、亚里士多德一样，在认为自然从根本上是被创造的、派生的、依赖别的东西的方面，是正确的，只不过对他来说，这个别的东西不是心灵而是理念。黑格尔完全同意柏拉图的观点，不认为理念是心灵的一种状态，或是心灵的一种活动，或是心灵的造物，总之不是任何主观的东西，而是一个独立自足、自我存在的存在王国，是心灵的恰当对象。这就是黑格尔所说的“客观唯心主义”——与康德的“主观唯心主义”相对立——或“绝对唯心主义”，因为它把理念设想为某种本身真实的东西，不以任何方式依赖于思考它的心灵。

这里我追随黑格尔把康德和贝克莱的共同哲学观描述成主观唯心主义。我不能肯定是不是黑格尔发明了这个名称，但不管怎

样，我们对于它的一般用法来自于他，因此他有权让大家向他讨教它的意思。照他的用法，主观唯心主义是这样的理论，即认为观念或概念只向一个主体而存在，或者（如黑格尔所说的）是这样的幻觉，即以为“观念只存在于我们的头脑中”。他把这种幻觉看作是笛卡尔主义心物二元论的遗迹，这个二元论已经将人们训练成把凡不是物质的就看成是精神的，这样，概念不是作为思维的一个先决条件，而被扭曲为只是思维的一种方式，一种活动或习惯。在这个意义上的主观唯心主义必须与唯我论清楚地区分开来。唯我论是笛卡尔主义的一个流派实际持有的理论，主张除了我自己即我的心灵外，不存在任何东西。这当然是主观唯心主义的一种形式，但绝不是贝克莱和康德所主张的那种形式。

黑格尔的哲学体系分为三部分。第一部分是逻辑学或理念论，第二部分是自然哲学，第三部分是精神哲学。这三个部分共同构成了他所谓的哲学学科的百科全书，而且所有的哲学论题和理论在这个框架中都有一席之地。当然，我在此不打算对整个体系
124 加以介绍。我只是努力概括出黑格尔的自然概念，看看它如何一方面面对理念，另一方面面对心灵。

对黑格尔而言，自然是实在的，决不是幻觉，不是某种东西，我们认为它存在而真正存在的却是其他的东西。它也无论如何不只是一种现象，某种只是因为我们思考它才存在的东西。它真实地存在，并独立于任何心灵而存在。但“真实地”这个词有些含糊。它的字面意思是指拥有一个 res（事物）的特征；如果事物指的是在空间与时间中存在的东西，那么自然不但是真实的，而且还是唯一真实的（实在），因为它正好就是事物的总和，是事物的王国。但是

在通常的用法中,“真实地”这个词至少还有另一个意思,即当我们说这张画不是真实的伦勃朗(Rembrandt)的画而只是一张仿造品时的意思。这张画是一件事物,它具有 *realitas*(实在性),但它没有 *veritas*(真性)。它没有体现它声称要体现的观念。

根据柏拉图和亚里士多德的理论,所有自然的事物本质上都加入了一个生成的过程,这是因为它们总想努力成为它们自身形式的充分体现者,但从来就不太成功。从这个意义上说,自然中的每一事物在这个词的第二个含义上或多或少是不真实的:它不只是一种现象,更不是一种幻觉,而是某种在成为它自己方面不太成功的东西。黑格尔接受了这个柏拉图—亚里士多德的自然观。

黑格尔和亚里士多德都认为,自然中充满着奋争(nisus)。自然中的每一事物都努力想变成某种确定的东西;但向着其自身的目标收敛的过程,总是渐近的但永远达不到相符的那一点。这就是为什么自然定律被现代科学家们称为统计定律的原因。这些定律并不是严格精确地去描述所涉及的每一个体的行为,而是描述它们行为的总趋势,即它们的运动所朝向的行为类型。在这种意义上,自然不是真实的;自然中没有一样东西与我们对它的科学描述完全相符。这并不是因为我们的描述有待修正,而是因为自然中总是存在着一种反弹(backlash),一种不确定的、潜在的(用亚里士多德的语言)尚未转化为完全现实性的因素。 125

是什么原因使自然中有这种反弹的因素或不确定性呢?黑格尔对这个问题的回答非常原创。希腊人倾向于把这个责任推到物质身上,认为尽管形式自身是完善的,但并没有完全体现在物质中,因为物质具有某种反抗性。但这不是回答,因为所说的物质的反抗性只是如下事实的一个名称：即不论是什么原因，形式都没有完全体现在物质中。黑格尔认为，自然的形式之所以没能得到完全地体现，是因为这些形式本身之中的某种特殊性。它们是特殊类别的形式，由于它们结构中的某些东西而无法被完全实现。因此，自然让自己努力去实现它们这个任务，本来就是不可能完成的，而只能以一种不完全的、近似的方式去完成它。可以说，它们是乌托邦的形式，也就是同时既要求实现形式，又在其中拥有某种使实现成为不可能的东西。使它们的实现成为不可能的是这样的事实：它们是“抽象的”，也就是说，它们作为超越的模式立在自己的实例的对面，而这些模式本身本质上是非物质的，却要求在物质中再生。

在这一方面，自然的概念可以与另外两种概念相比较，即纯逻辑的概念和心灵的概念。纯逻辑的概念是对纯存在的规定，并全都作为必然属性属于无论什么样的任一事物。任何事物都不可能不展现任何一个纯逻辑概念，因为这些逻辑概念以一种其中一个实现便全都实现的方式，全部关联在一起，并且它们确实在任何地方都实现了。对它们的描述，就是对任何一个事物精致或完善的描述——不管是什么事物只要是一个事物，不管是一个物体，一个心灵，还是什么别的东西（如果还有别的东西的话）。

另一方面，心灵的概念（如同自然的概念）是规定一种实际存在物之特性的概念。但这个事物（即心灵）具有其特殊性：它把上述特性通过自己的自由活动施加于自身，因此它能不受限制地使
126 自身完全地具备这种特性。这些概念规定心灵应当是什么，而心
灵能够是它应当是的东西，并且它的确只知道，就它已经是这样而

言它就应当是这样。比如道德，是一个心灵概念；而只有一个已经是一个道德行动者的心灵，才意识到它应当是一个道德行动者。

黑格尔对引导自然过程的概念或形式的思考方式，与柏拉图思考所有形式的方式相类似。例如，柏拉图自己解释说，理想国的概念在任何现实国家中都不可能准确实现，因为人类天性本身不可能将自己组织成完善体现那个概念的状态。然而希望达到这一状态、希望在人类本性中实现理想国的形式，是形式自身的根本要求。这样，形式给人类天性安排了一个无法躲避、但决无希望真正完成的任务。

为什么黑格尔要设想自然的一切形式具有这一奇怪的特征呢？为了回答这个问题，我们必须问，什么是自然与众不同的东西，是什么特异性把作为整体的它一方面与理念，另一方面与心灵区分开来？黑格尔的回答是：自然本质上是外在的实在，是外在的世界。这里"外在"并不是指在我们之外。在任何意义上讲，自然都不是在我们之外。它并不外在于我们的身体，相反，我们的身体是它的重要组成部分。它也不外在于我们的心灵，因为除非两者都在空间中占据位置从而都是物质性的物体，否则一个事物不可能在另一个之外。我们的非物体的心灵，不位于空间中的任何位置，否则的话，也将是自然的一部分。称自然为外在世界的意思是，它是一个被外在性所充满和特征化的世界，在这个世界里，每个事物都外在于其他事物。因此，自然是外在性的王国。它是这样的一个世界（或者更恰当地说是，这个世界），在其中，事物彼此外在。这种外在性有两种形式：在一种形式里，每一事物都在每一其他事物之外，这就是空间；在另一种形式里，一个事物外在于自

身，这就是时间。当我说一个事物在时间中外在于自身时，我的意思是，它的概念或观念的实现是在时间中展开的。将要去补充那
127 个概念的各种要素，以及事物的各种属性或特征，是通过相继地从属于它而彼此分离开的。它们不能同时从属于它。例如，一颗心脏的本性要求它既要舒张又要收缩，但因为包含这两个阶段的过程是一个自然的而不是逻辑的过程，所以从一个阶段到另一个阶段的转换就在时间中发生，当心脏开始做一件事情时它就停止做另一件事情。它作为心脏的完整存在包括收缩和舒张，但这个存在被分解，并且被一个一个片断地实现，而时间是它的分解和片断实现的方式。

按照黑格尔，自然的观念是关于一个实在的观念，这个实在被双重地分解，在空间和时间中展开或分布。这个特征不仅影响了作为整体的自然观念，还影响到自然中任何事物的观念。物质性物体的观念是一些分布在空间中的粒子的观念；生命的观念是一些分布在时间中的特征性的观念。因此，不存在一个处所可以把一个物体的观念予以位置性的例证，也不存在一个时间可以把生命的所有特征性予以现实化。你在任何地方都不能说，物体永远在这里存在；你也绝不能说，我永远活在现在这一瞬间。即使当你说这里时你指的是一立方英尺的空间，当你说现在时你指的是 80 年这个跨度，你仍然不能说物体的存在就完全包含在那个区域中，或者有机体的存在就在这 80 年以内。在这两种情况中，事物的存在都越出了这些边界。通过其万有引力的作用，物体使自己在整个空间都能被感觉到；而有机体，不论你是以物理、化学、生物的眼光，还是以道德的眼光看它，都只是生命之流中的一个暂时和局部

的凝结物，这生命之流极大地超越了它而向所有方面延伸。我们称为它的特异性的东西，实际上是渗透在作为整体的这个生命之流之中的特性。

沿着这条思考路线，我们很快就到达了怀特海重新发现并使之为我们这个时代所熟知的概念：世界上的每一片物质都不是简单地位于这里或那里，而是位于一切地方。怀特海坚持的这个概念丝毫也不会使现代物理学感到吃惊，并且这是现代宇宙论的一个显著事实。今天的物理科学已经得出了这样一种物质与能量的观点，它与黑格尔自然哲学的含义如此相一致，以至于像怀特海这 128
样一位哲学家—科学家，能够重述黑格尔的理论（他不知道这是黑格尔的，因为根据我能够判断的，他好像不曾读过黑格尔），并听凭这种理论的驱策，问心无愧地航行至此，并如他自己所说，兴高采烈地把自然的概念化解为纯粹活动的概念。不过，对怀特海是可能的东西，对黑格尔却不是可能的，因为黑格尔时代的物理学仍然是伽利略、牛顿的物理学，是以在空间中“简单定位”（Simply located）（用怀特海的术语）的方式去看待事物的物理学。结果是黑格尔的整套自然哲学被一种二元论所租用，这种二元论最终将它分割得支离破碎。一方面，他继承了 17 世纪的前提，认为自然是一部机器，一个死物质的运动集合体；另一方面是他自己思想中的宇宙论含义，即坚持一切实在必定渗透着过程和活动，自然不可能仅仅是一部机器，因为它内部具有通过逻辑的必然从自身演变出生命和心灵的力量。

黑格尔这一代的德国人，对古希腊怀有一种几乎是偶像崇拜式的景仰，并狂热地研究它的艺术、文学和思想。黑格尔《自然哲

学》中的有机论或反机械论，也许会被廉价地、轻易地被说成是这样一种哲学，在其中，18 世纪思想中未解决的问题通过借用古希腊的思想而被解决。我之所以说廉价地、轻易地，是因为这些描述方法，正是那种轻浮、浅薄的历史学的特征。它谈论“影响”和“借鉴”等东西，而且当它说 A 受 B 影响，或 A 借鉴 B 时，它从来不问自己，是 A 中的什么使之能够接受 B 的影响，或者，是 A 中的什么使它能够借鉴 B。一个不满足于这些廉价、轻易程式的思想史家，将不会认为黑格尔是在用从柏拉图和亚里士多德那里取来的油灰填充 18 世纪思想的漏洞。他会把黑格尔视为一个点，在这里，18 世纪的思想通过自身自发的发展而变得充分地成熟，从而能够理解柏拉图和亚里士多德，以及把自己的问题与所发现的他们所讨
129 论的问题联系起来。但是，在与希腊思想建立这种联系的过程中，黑格尔与他自己同代人的实践生活却丧失了联系。黑格尔是一个革命者，他的自然观（有意识地）导向关于正确的科学研究程序的革命性结论。他要从伽利略开始或多或少地走向爱因斯坦。但他生活在一个抗拒革命的时代，这一代人坚持，对牛顿来说足够好的东西对他们也足够好，并且对未来所有时代的人都会是足够好。黑格尔和他同代人之间的这场争论，起因于他自己思想中的某些矛盾。

他遵循康德和牛顿、笛卡尔和伽利略的主张，把空的空间和时间看作是自然中基本的东西，所有的自然事实都在这个双重框架中展开。按照柏拉图—亚里士多德的方式，他把充满于自然中的运动视为从某种更基本的东西，即逻辑过程，向时空项的一个转换。但他发现，如果作为遍布于时空的自然概念被郑重地看待，那

么就会导出这样的结论：任何自然事物或过程无论在空间中还是在时间中，都没有一个自己的归宿，从而，那个在空间中存在或时间中发生的观念，便是一个自相矛盾的观念。

在这种情况下，黑格尔怎么办呢？有些哲学家，当他们发现一个事物包含自相矛盾时就争辩道，它只是现象而不是实在。但黑格尔并不接受这种逃避的办法，因为在他的知识论中他是个极端的实在论者，而且认为不论什么东西显现，只要是真的显现了，就是实在的。现在，自然的确向我们显现，它显而易见地出现在我们的感觉之中，或者就像康德已经指出的，不是出现在我们的感觉而是出现在我们的想象之中，以及可理解地出现在科学家的思想中，所以，它是实在的。但是按照黑格尔，它之中的矛盾证明它不是完备的，它是某种致力于向他物转变的东西。自然要转变成的这个他物，就是心灵。因此，如果愿意的话，我们可以说对黑格尔而言，自然蕴含着心灵，但这个蕴含与思想的顺序没有任何关系。它并不意味着，当我们想到自然时，我们不得不继续下去想到心灵。它也不意味着自然是某种只有心灵存在才存在的东西。它的意思是，自然是一个实在过程的一个阶段，这个过程导向心灵的存在。130
自然对他来说是一个抽象，如同对贝克莱和康德所是的那样。但它是一个实在的抽象，不是意识(mental)的抽象。所谓实在的抽象，我指的是在一个实在过程本身中的一个实在阶段，并且与它将导向的下一个阶段相分离。因此，一个叶苞的生长是个实在的发生过程，而且发生在叶子完全成形之前。这两样东西即叶苞和叶子的分离，并不是人心灵的虚构；但是尽管叶苞具有自身确实不同于叶子的特性，它也在致力于转变为叶子，而且这个向叶子的转变

活动是其本质的一部分,甚至是其本质中最本质的部分。叶苞和叶子是一个过程的两个阶段,叶苞本身则是那个过程的一个抽象,但它是自然造成的一种抽象。自然中处处都以这种方式经历过程的相继阶段,做完一件事接着做下一件。现在,对黑格尔来说,作为一个整体的自然蕴含心灵的方式,与叶苞蕴含叶子的方式相同。自然必须首先是其本身,这样,我们关于它的概念才是真的,而不是虚幻的。但自然只是暂时地是其本身,它将中止是其本身而转变为心灵,就像叶苞是其本身仅仅是为了中止是叶苞而变为一片叶子。作为整个过程中一个转变阶段的叶苞的这个临时特性,逻辑上显现为叶苞观念中的一个自我矛盾,一个它之所是与它之所生成之间的矛盾。这个矛盾不是植物学家的过错。它根本不是什么过错。就实在意味着此时此地存在的东西即自然界而言,它是实在中固有的一个特性。

从一个角度看,从苞到叶的过程与从自然到心灵的过程的比较是不完全的。从苞到叶的过程是一个在自然之中的过程,因此也在时间之中:苞存在于某一时间,叶存在于其后的时间。很显然,从自然到心灵的转变不可能属于自然,因为它把我们带出自然的观念之外,所以,这个转变不是一个时间中的转变,而是理念或逻辑的转变。照黑格尔的看法,将来不存在一个时刻,那时全部自然转变成为心灵,反过来,过去也决不会有一个时刻,那时自然丝毫也没有转变为心灵。心灵永远是、且从来都是从自然中生长出
131 来的,有点像发出引力的物体总是在产生力场,或者一个数列总是把自己导向无限。

这就把我们带到了这样一个点上,在这里,黑格尔的宇宙论与

今天的大多数宇宙论判然有别——这的确是主要的或关键的不同之处。我所指的不同之处事关时间的意义。一般而言，现代宇宙论基于进化的观念，不但把自然种类或秩序的发展表述成时间上的发展，而且把从自然到心灵的发展也解释成时间上的发展。在黑格尔时代，这类观点已经在讨论之中，而他考虑这些观点，只是为了强调要否定它们。他说，整个实在是一个分层次或等级的系统，有高有低。心灵是如此，有较低层次的感觉和较高层次的理智，下面还可细分；自然也是如此，无机的或无生命的与有机的或有生命的是两个主要的划分。在自然这个外在性的王国里，有生命的与无生命的并不互相渗透，必定作为事物相分离的两个等级而相互外在的存在。但他坚持认为，自然中的低级形式向高级形式的转变，不可能是一个时间中的转变，而只能是一个逻辑的转变。黑格尔之所以持这种观点有一个理由，那就是，他那个时代的物理学家所设想的纯粹死的、机械的物质世界（他接受来作为他的出发点），不可能通过做那件它唯一有能力做的事情——即把自己在空间中重新分布——而令人信服地产生出生命来。在有生命的事物中，有一种新的组织原则在起作用，它与死物质的原则有质的区别；由于按假定物质王国缺乏质的差异，它就不能在自身中产生出那种特别新奇的质。于是，只要物理学家们满足于他们的死物质概念，他们的权威便使得接受一种进化理论成为不可能。

在此我们再一次看到黑格尔《自然哲学》的不完备性，看到它的逻辑基础中未解决的矛盾。他在做什么？他是否打算用康德的方式，对自然科学家实际做过的以及真正相信的东西进行哲学的说明？换而言之，他的自然哲学是否想回答自然科学家如何知道

132 他们实际上知道的东西？或者他是否在试着推敲自然科学家们已经得出的结果，并采用一种他自己的哲学方法而非传统自然科学的方法，从而得出一套不同的结果？

人们一直责怪他每当他本该做另一件事时却同时做这两件事。事实是，他的确是两件事都在干。他开始先暂时原样接受了自己那个时代的自然科学（他因为这样做，换句话说，因为他接受了那些由于生活在18世纪后期而被现代人看作不过是中世纪愚昧典型的人所告诉他的东西，而经常地受到人们尖刻而非常不公平的责怪），后来他发觉自己对当时的这种自然科学很不满意，并试图按照自己关于科学应当是什么的观念去改进它。他为此也经常地受到人们尖刻而非常不公平的指责，换句话说，是因为没有接受同一些被称为蠢人的人所告诉他的东西，还因为，试图批评他们的工作，而这时他应该把这些工作视为“科学”的、从而是神圣不可侵犯的。

黑格尔努力想促成当时的科学与用他自己的方法所达致的结论之间的综合，以及自然作为一部机器的概念与所有实在被过程所充满的概念之间的综合。他认为需要一种综合，这是对的。但我没有说他所达致的那种独特综合是对的。我要说的是，他太匆忙了，并且试图（他已经使自己卷入了自然科学和哲学之间一种不令人满意的区分）用哲学去解决自然科学的问题，没有看到自然科学必须在自己的时间内，用自己的方法去解决自己的问题。他试图通过哲学去先行发展某些事实上只能是自然科学未来发展的东西。我们现在可以看到，他的先行发展在许多方面都惊人地准确，但是科学思想不允许先行发展，它只尊重那些通过科学方法得出的结果。

第三部分

现代自然观

第一章　生命概念 133

一　进化生物学

从黑格尔时代起，进化的概念经历了两个主要阶段：一个是生物学阶段，再就是宇宙论阶段。

生物学阶段就其与自然的一般理论的关系而言，有着格外的重要性，因为正是这场思想运动，最终打破了老旧的笛卡尔物质心灵二元论，引出了介于它们两者之间的第三项，即生命。19 世纪的科学工作主要投入在建立生命科学的自主性，以形成一个一方面独立于物理学或物质科学，另一方面独立于心灵科学的单独领域。在古代和中世纪的宇宙论中，物质、生命和心灵这三个概念结合得如此紧密以至于很难加以区分。这个世界，广延的方面被认为是物质的，运动的方面是有生命的，秩序的方面是有理智的。16 和 17 世纪的思想把灵魂排除在世界之外，并且通过把物质的有秩序的运动看成是无生命的运动，创立了现代物理学。在这个概念中已经蕴含了与有生命运动的对比，但现代生物学尚未诞生，而笛卡尔谨慎地试图把动物视为自动机，也就是想用新物理学来解释生物学事实。即便在黑格尔那里，把宇宙论划分为自然哲学与心灵哲学两部分，也显露了笛卡尔二元论的痕迹，从而表明生物学还未成为有着属于自己的原理的、科学的第三部分。

19 世纪的生物学出现之前，生物体的繁衍过程被认为是一个再生过程，也就是，通过这一过程，母体的特殊形式在它的后代身上再生。人们把未能准确无误地再生看成是一种反常，一次严格
134 意义上的失败，一次自然界未中目标的射击。当然有大量的证据有利于这一观点。根据我们的经验，生物物种总保持相对稳定，显著偏离其形式的生物体一般来说或者无法生存，或者至少无法再造自身。但是 18 世纪的地质学家所研究的古生物学清楚地表明，在更长一段时间跨度里，这个证据便不再成立；地质学不久便将过去岁月的图像展现给我们，在这些图像里，世界上的动植物与它们今天的样子非常不同。解释这一新知识的自然的办法就是承认，今天的生物不是沿着与它们自身在所有细节上相同的祖先的线索来追踪它们的谱系，而是沿着细节上不同的形式的线索。这样，随着世界历史的前行，物种形式自身经历了时间中的变化。对人类历史的研究可以看出，其中的政治组织和社会组织的形式也经历了一个同样类型的进化，这极大地加强了——如果不是实际上提出了的话——上述假设。对家养动物繁殖的研究，尤其是达尔文的研究，证实了这个假设。在相对较短的时间内，通过选择某些品种来繁殖，人类之手可以产生出非常类似于独立物种、并且像它们一样有能力繁殖出纯种的物种形式。

这些考虑导致了繁殖过程的全新概念。尽管迄今为止自然一直被相信努力地去繁殖固定的生命形式，自此以后她则被看成是像一个人类的家畜养殖员那样，尝试创造总是新的、改良的形式。但是，对于家畜养殖员来说，一种改良的形式意味着更适合养殖员

利益的形式，而养殖员的利益与家畜自身的利益并不一致，因此，家畜养殖员的意图是从外界施加在家畜身上的。如果自然改良生命的形式，那么她的作用在内部。所以，当我们说自然创造了一种改良了的生命形式时，我们的意思是，这个生命形式更加适合于生存或者活得更好，也就是，更充分地体现了生命的理念。于是，生命的历史被看成一部无尽头的不断实验史，在自然的部分中创造
出越来越强壮有力的生命机体。这一生命概念经历了巨大的困难 135
和严酷的斗争，与人们已经熟悉的物质和心灵概念区分开来。新生物学把生命设想成与物质相似、与心灵不同，完全缺乏有意识的目标。达尔文自由地谈论选择，不断地把暗含目的论的语言用于有机自然中，但他一刻也不曾把自然当作一个有意识的行动者，不认为她是故意进行实验并且意识到她所追求的目标。如果他曾经费心思考过他的生物学中隐含着的哲学的话，他肯定会得出某种类似叔本华（Schopenhauer）的主张，即进化过程是一种盲目意志的自我表现，是一种创造性、引导性的力量，全然不具有意识以及意识所赋予人类意志的那些道德属性。我们发现，诸如此类的思想在达尔文的同时代人比如丁尼生（Tennyson）的生活氛围中到处飘浮。另一方面，生命被看成与心灵相似而与物质不同，它通过一个历史过程发展自己，并且通过这一过程将自己导向一个确定而非无序的方向，去产生更适合在一个给定的环境——不论是什么样的环境——中生存下去的生命体。如果环境变了，比如一个包含着各种鱼类的海洋非常慢地干涸了，那么这种理论认为，鱼类经过一代又一代，会找到办法使它们自身适应先在泥浆中、次而在陆地上活下来；如果环境保持不变，那么这个理论认为，更强壮和

更活跃的鱼类会渐渐地形成，挤走或吞食较为无能的邻居。这个理论暗含了生命力这个哲学概念，它与所有生命机体的关系既是内在的又是超越的：内在的，是指它只作为在这些生命体中的体现而存在；超越的，是指它不仅在个体生命体的生存中，也不仅在它们物种的延续中寻求自身的实现，而且总是能够并总要努力为自己在新的物种中找到更充分的实现。

生命的这种新的哲学概念既不同于物质也不同于心灵，它的建立不是没有异议。异议很自然地来自笛卡尔双实体理论的传统，这个传统把生命包含在物质领域，以及随之而来的想要用物理
136 学概念解释生物学事实。这种异议的立脚点是这样的理论，它认为物种形式的变化基于纯粹的偶然性，母本和父本细胞被随意地安排在受精卵中，因此形成各种各样的后代；归因于这种与生俱来的结构，这些后代有的能在环境中生存下去，有的则不能。在这个理论的基础上，一个唯物主义遗传学的宏伟结构出现了。这里用"唯物主义"一词，我是指它试图完全用物理化学结构来解释生理学的功能。这种类型的观点与其他学派的观点之间的争论依然很激烈，我在这里不能卷入其中，因为这些争论实属生物学范围，并且只是它们更间接的含义才影响到我在这里讨论的哲学问题。从哲学上讲，我认为这样说比较公正：有别于机械变化或化学变化的生命过程的概念已经诞生，并且已对我们的自然概念进行了革命。许多优秀的生物学家还未接受它，这不必奇怪。我已经描述过的反亚里士多德的物理学，作为 16 世纪宇宙论中新颖而富于创造的因素，以相同的方式被那个时代许多杰出的科学家所反对——不只是那些没出息的学究，还有那些为知识的增进做出过重要贡献的人。

二　柏格森

进化观念被造就成生物学的基本观念的这个思想阶段，也许可以被方便地看作是在柏格森的著作中达到了顶点。我不想在此全面地回顾他的工作，而只想指出他的哲学中也许可以称为生物学因素的东西的主要线索，以及生物学因素与其他因素的关系。

柏格森关于生命的理论，一开始便紧紧抓住能将生命从物理学家所理解的物质中划分出来的差别。在物理学中，所发生的一切都只是业已存在的一个原因的结果；物质和能量是守恒的，所有的运动都是预定的并且理论上是可测量的，也就是说，绝不会有任何真正新的东西；所有的未来事件都蕴含在任何一个过去的事件中，或者用柏格森自己的话说，*tout est donne*（一切都已给定），未 137
来的大门关闭着。在生命中却相反，未来的大门敞开着；变化的过程是一个创造的过程，导向真实新奇的现象。这是自然中物质王国与生命王国之间的一个显而易见的二元论。我们将怎样对待这个二元论呢？柏格森通过知识论来处理它。他发现，在理智与直觉之间也存在一个二元论。理智推理和证明，使用固定的概念，因而是思考物质的恰当机制；直觉则进入到其对象的生命中去，在它的运动中追随它，因而是认识流动的、自我创造的生命世界的恰当机制。为了解决这第二个二元论，柏格森主张，作为整体的人类心灵是自然进化的产物，我们不必假设自然已经专门赋予我们以认识真理的意识能力。事实上，我们的理智并不是一种认识真理的能力，从根本上说，它是一种实践能力，一种使我们能够在自然的

流动中应付自如的能力：通过将这种流动分割成僵硬的块块从而控制它，就像是一个屠夫操持动物的肉或木匠摆弄木头。于是，柏格森陷入了第三个二元论中，即知识与行动的二元论。知识从根本上被认为是直觉的，被认为是生命意识的活动，将自己渗透在它活生生的对象中；而行动则被认为是操纵性的，被认为是相同意识的活动，把自己从其对象中分离出来，站在它的对立面，为了要扼杀它、分割它，并从中造出事物来。

在柏格森的哲学中，这三个二元论彼此万花筒般地相互转化，但三者之中物质与生命之间的宇宙论二元论，对我们的目的来说是最根本的。我们已经看到，生命是冲动(power)或过程，它创造了人类的心灵以及别的东西；物质是一种途径，通过它，心灵为着操纵实在的目的而构想实在，但这个实在——不论它还能是什么——就是生命本身；由于生命和物质在所有情况下都是相对立的，那么实在也就不可能是物质。结果，物质是理智的一个虚构，对行动的目的是有用的和必要的，但在任何意义上都不是真的。

138 因此，物质从柏格森的宇宙论中被排除了，留给我们的世界就只简单唯一地由生命过程及其产物所组成。

这个过程被描述成一个创造进化的过程。动力因被排除出这个过程，因为它只属于虚构的物质世界；服从一个动力因而运动的东西，只是被推进或被拉进运动，而生命却自己运动，服从它自身固有的*elan vital*(生命冲动)。但是，目的因也被排除掉了，因为在目的因的因果关系中，结果是一个预定数，从而通向那个结果的过程必定沿着预先的路线走——这又是*tout est donne*(一切都已给定)，这个过程的绝对创造性或者自发性也被否定了。柏格森解释说，目的论仅仅是机械论的颠倒——*un mécanisme au rebours*（倒置的机械论）。世界的过程是个宏大的即兴创作；生命冲动（vital force）没有目标，没有目的，没有外在的指示灯，也没有内在的指导原则；它是纯粹的力，它唯一的内在性质就是流动，就是不确定地冲向任一方向和每一方向。物质的东西不是这种宇宙运动的载体或先决条件，而是它的产物；自然律不是指导它的进程的定律，而仅仅是它暂时采用的形态。于是，实体的、广延的、可感知的自然客体世界，与控制着这些客体行为的非物质的、不变的可理解定律之间古老的区分，也就是希腊人可感知世界与可理解世界的区分，以一种新的方式被否定了，这就是，把两方面的术语都分解为过程的概念或进化的概念，它同时产生出变化的事物以及关于这种变化的变化着的定律。

柏格森自然理论的高度和永久的价值，在于他对生命概念的热切关注。他牢固地抓住了这个概念；他规定这个概念的方式不仅才华卓著、令人印象深刻，而且在它自身的范围内是无可置疑的。但是，当我们从总体上看他的哲学，看他是如何试图把生命的概念与自然的概念相等同、把自然中的所有事物归为一个词“生命”的时候，我们看到，他对生命重复了17、18世纪唯物主义者们对物质的做法。他们把物理学作为他们的起点，论证说，不论自然还会是什么，它至少是在物理学家所理解的这个词的意义上的物质。他们继而把整个自然界还原为物质。柏格森把生物学作为自 139
己的出发点，最终也把整个自然界还原为生命。我们必须追问，这个还原是否比唯物主义所尝试的类似的还原更成功。

这里出现两个问题。首先，是否存在这样一些事物，它们顽固地抗拒被吸收进生命的概念中，就像心灵抗拒被吸收进物质的概念中？第二，当周围所有其他的概念都像脚手架一样被拆掉的时候，生命概念作为一个宇宙性原则是否还能够独自站得住、行得通？

面对第一个问题，柏格森的生机论比老的唯物主义要自信得多。生命的观念，是物质和心灵之间鸿沟上的桥梁，它似乎有理由声称去解释两者。因此我不想对这个问题多说什么。

第二个问题更为重要。我们知道，生命是在物质已经架设好的舞台上扮演它的角色。就我们迄今能够看到的而言，它是一朵局部而短暂的花朵，开在巨大数目的无生命天体之一的表面上。天文学和物理学的无机世界是一个巨大的系统，其时空范围比有机世界大得不知多少。生命在这个无机世界任何地方和任何时候的出现，无疑为这个无机世界的本质投射了重要的光芒；然而，当我们的思想从柏格森雄辩的魅惑中解脱出来，冷静下来问自己，物质是否像他所说的那样是生命的副产品，或者生命是否像唯物主义者相信的那样是物质的副产品，我们不能不承认，他所捍卫的立场是一个荒谬的、无法容忍的悖谬。如果我们因为确信反面的观点更接近真理而不能真诚地接受康德的理论，即自然是人类心灵的思维活动的副产品，那么我们如何能够接受柏格森非常类似的理论，即物理世界是生命自我创造活动的副产品呢？这是主观唯心主义的一种新形式，我们必须用休谟曾说过贝克莱的话来说它：论据也许不容争辩，但并不让人确信。

这种对包含在柏格森生机论中的不相称和悖谬的感觉，必定将我们引向对他的基本概念的更仔细的检查。生命冲动的活动创

造了自然的有机体和自然的定律，并将心灵——其直觉的活动成 140
为知识，理智的活动成为行为——赋予有机体；在这种生命冲动之外和之先是无，但它分化自身，用不同的方式组织自己，分叉从而在不同的路线上发展：沿着这条路线发展成功了，在另一条路线则失败了；在这里它凝聚不动，而在那里，它以不间断的气势奔涌。总之，贯穿在他对其活动的详细描述中，他把它视为一条奔流在岩石与山岳之间的河，虽然它们不能规定它的流动，但却规定了这种流动的分叉和多样化。这意味着如下两件事情的一件：或者这些阻碍和分叉的原因是生命冲动自身固有的，或者这个原因是生命之外的东西。第一个可能性被柏格森的生命概念排除掉了，因为它是纯粹的活动，绝对无限的积极冲动（*elan*）。这样我们就被扔回了第二种可能性，并且只好认为这个原因是某种凭自身的权利而真实的东西，是生命之河中的一道障碍；总之，它是物质世界，生命在其中发展，并通过物质的作用，生命活动受到限制；一句话，我们又回到了作为生命扮演其角色的舞台的物质概念。这是柏格森宇宙论的恶性循环：表面上他把物质视为生命的副产品，但实际上他无法解释，在不预设与生命并列甚至先于生命的物质本身时，这种副产品或任何其他特定的副产品如何能够出现。

这个结论对柏格森的知识论是致命的。如果物质与生命同样真实，如果思考物质世界的理智也和体验生命的直觉一样是认识的机制，那么，他对于物理学，和一般而言的逻辑思维，所持的怀疑论的或实用主义的态度便崩溃了。我们也不得不承认，理智解剖世界，并把它的碎片组织成概念单位，这并不是为了实际目的而伪造实在，而是像柏拉图所说那样，在实在的接合处分割它，去辩明确实存在于其中的区分。这样一来，柏格森的直觉论也行不通了。
它再也不可能把知识局限于生命自身所具有的直接意识，一种与
141 它所意识到的东西一样流动和充满变化的意识；而我们回到意识
的观念上来，它也只有在有逻辑镇住的情况下才上升到知识的水平，就像柏格森说过的，有几何学镇住才有空间。正像生命之流预设了它所流经的物质世界的地形学，意识之流也预设了逻辑和概念形式、范畴以及柏拉图和黑格尔意义上的理念的地形学。柏格森想要否定这两个预设，结果弄得他进退两难：要么默认他声称否定的东西，要么什么都不声称，除了一个什么都不干的冲动的存在，以及理解这个空无的直觉的存在。

柏格森的哲学作为一种宇宙论的错误，并不在于他重视生命，而在于他对除此之外的东西都不重视。生命的概念是理解世界一般本性的最重要的线索，但它不是对世界总体的充分定义，就像柏格森努力想做成的那样。物理学家的无生命世界，是柏格森形而上学的一个累赘，他除了尝试将它放在他的生命过程的胃中消化外别无他法，但事实证明消化不了。然而，柏格森通过集中精力于生命所取得的自然哲学上的进展是不能否定的。我们不能忽视柏格森的工作。我们必须重新考虑死物质这个被他发现难以处理的概念。

第二章　现代物理学 142

问题把我们引向了物理学。这门科学掌握着下一轮游戏的牌，正像一个世纪以前，牌握在生物学手中一样。我们都知道，物理学的主要概念在过去的五十年中已经有了很大的改变，我现在必须试着描述的就是这些改变。但是这项工作比起叙述进化论生物学的兴起要困难得多，因为这个变化是如此新近，以致我们的观念还未重新适应它，而它的影响目前主要体现在对像我本人这样的外行来说不好理解的专业著作中，而没有被充分地消化在通俗手册里。这样，我关于这个课题所能说的每样东西都是非常尝试性的，并且每说一点东西，我都深刻地感到自己可能在犯最严重的错误。但我不能够逃避说点什么的责任，因为就我对这些新观念所能理解的而言，它们对哲学的自然观及其与心灵的关系似乎具有最重要的意义。

一　旧的物质理论

首先，我必须尽力介绍一下在这些变化出现之前，人们是怎样看待自然界的。它被看作是分割开的固体微粒，在空间中运动。从物理学角度讲，每个微粒都是原子的，也就是说，是在物理学上不可分和不可毁灭的；但它不是几何学上的不可分，即，它具有某种形状和大小。但是，用几何学术语来定义它不可能没有剩余数，因为它具有某些物理的即不同于几何学的性质——这些性质中最基本的是不可入性。由于它的不可入性，它决不能占据任何别的微粒所占据的同一地方，也就是，在任何给定的时刻，它有一个它自己的空间，完全被它单独占据而不包含任何其他微粒。由于任一微粒都会朝任一方向运动，因此两个微粒的路径总是有可能相互交叉，在同样的时刻把两者带到同样的地方；于是它们碰撞，并且接触将改变它们的运动方向。进一步，每一微粒都拥有惯性，凭
143 借惯性，如果在运动中它将作匀速直线运动，在静止中它将永远保持静止；这种匀速运动和静止将一直维持到被另一微粒的碰撞所干扰为止。这就是 17 世纪从希腊原子论者那里继承的物质微粒理论或原子理论，它被后两个世纪的科学家接受，作为对物理世界的基本真理的表述。

迄今为止，这个概念看起来很好理解，尽管当人们更仔细地研究它时，有一些棘手的难题。这样的难题包括：一个物体与它被认为占据的空间的确切关系是什么？运动如何能通过碰撞从一个物体传递到另一个？物体为什么要运动而不是全部静止不动？等等。但是，撇开这些难题，它还是给了我们一幅关于物质世界的清晰可想象的图景，即便不是清晰可理解的理论。

二　它的复杂性和不一致性

不过，早在牛顿时代，这个简单的概念由于一个新的要素的加入而变得复杂起来。牛顿认为，每个物质微粒都具有对所有其他

微粒的吸引力，这个力与它们的质量成正比，与它们之间的距离平方成反比。现在，这种引力成为运动的第二种原因，被认为与碰撞并列：一些运动归因于前者，一些运动归因于后者。这样的理论，以我刚才表述时所用的这样一种粗糙的二元形式，既不见容于哲学，也不见容于科学；因为两者都承诺去寻求能把它们所研究的事物统一起来的原理，而且一个严肃的物理学家决不会提出一些运动起因于碰撞，另一些起因于完全不同的引力作用，而不问问自己这两个原理是如何相互关联的。牛顿自己深深地意识到这一困难，以致他不止一次明确否认内在引力属于物质本身的理论。以下是他写给本特雷(Bentley)的一段话(1692/3 年 2 月 25 日)：

> “认为引力对物质来说应该是固有的、内在的和必不可少
> 的，因而一个物体能够通过真空作用于远处的另一个物体，无 144
> 需任何其他中间媒介就能把它们的作用从一个传递到另一
> 个，这种观点对我来说是如此大的谬论，以至于我相信在哲学
> 问题上有思考能力的人，都不可能犯这种错误。”

他相信，重力一定要么是某种特殊碰撞的特殊结果——他总是把碰撞视为运动唯一可能的物理原因，要么是某种非物质原因的结果。一直到 19 世纪中叶，杰出的物理学家们只是一遍又一遍地重复牛顿的异议，却没有人解答它。它长期是我们今天称为经典物理学的学科的耻辱——它一直没能为这个问题找到一个令人满意的答案：碰撞和引力这两个明显不同的运动原因之间的关系是什么？

复杂性并不到此为止。牛顿已经把他的粒子在其中运动的空间看作是真空，但后来物理学家们发现，为了解释光的行为，他们不得不认为它充满了某种叫作以太的东西。以太完全是另一种物质；它并不分割成粒子；它是均匀同质的，其功能是传播由粒子运动产生的波状扰动。因此，它是静止的，所有的运动作为运动都通过它；尽管它遍布整个空间，而且同时既有弹性又完全刚性，但并不对这些运动产生任何阻碍。

调解所谓粗重物质(gross matter)和以太这两个概念的困难，对物理学家来说一直是明显的，而且克服这一困难的各种努力都试过了。一方面，他们一再尝试把一种微粒结构归之于以太，即把它看成是高度稀薄的气体，或者一再尝试把光看成是一种运动粒子流，这样就使它无需以太而成为可能；但是在实验事实面前，这两种尝试都站不住脚。另一方面，他们尝试把粗重物质看作由以太中的局部扰动或晶核所组成，但这与以太本质上同质且静止的基本思想相矛盾。

第三种复杂性来自化学方面。约翰·道尔顿成功地鉴别出许多种类的物质，每一种都有自己质上独特的表现方式；这些被称为
145 元素的东西，被认为由不同种类的具有各自物理特性的原子组成。但是，作为粗重物质的粒子，原子只能有量的性质，于是人们假设——并且实验也证实了这种假设——一种元素的原子在质量或重量上不同于其他元素的原子。因此，物质的基本微粒的质量必须被看成是并不均一，而是按照原子量的数值而变化。现在，除了在物理的量与化学的质之间的鸿沟上架桥——即表明为何拥有一个原子重量的物体会有一种特定的化学表现，而拥有一个略微不

同原子重量的物体会有一个相当不同的化学表现——是不可能的之外，从物理学家的观点来看，物质的微粒理论要求假定所有的原子有同样的质量，因为这个理论从根本上把原子或物质的基本粒子看作一种质量单位。由于这个原因，正如50年前粗重物质理论与以太理论之间有一场公开冲突一样，物理学与化学所要求的粗重物质观之间也有另一场冲突。

我之所以提到这些在两代以前的科学文献中非常著名的老问题和争议，是因为物理学的现代发现和理论使形势变得如此奇怪，以至于人们经常禁不住怀念他们称为经典物理学的旧日好时光。当时人们相信一种简明易懂的物质理论，认为物质由在绝对空间中运动的粒子所组成。值得记住的是，这个被认为简单的理论只存在于大众化的手册中，它向普通公众展现的是其壮观的坚固的外表，而其后却隐藏着最活跃的纷争和最棘手的怀疑，这些纷争和怀疑所针对的，正是那些在手册中被假定是基础性的和无疑问的理论。

三　新的物质理论

现代物理学，不管带来了什么难题，至少为消除这些障碍做了一些事情。首先，上述的最后一项困难，化学与物理学之间的争论已经被电子理论所平息；根据这种理论，化学原子不是基本的微 146
粒，而是电子的聚合体，这样，带有一系列化学性质的原子，通过失去其中的一个电子，可以变成具有另一系列化学性质的原子。这样，我们就找回了一个单纯的物理单位即电子，但我们也得到一个非常重要的新的化学性质概念，即它不仅受制于原子的量的方面——原子量，而且受制于组成它的电子所形成的模式。这个模式不是静态的，而是动态的。它不断地以一种确定的有节律的方式变化着，如同毕达哥拉斯学派在声学领域所发现的那些节律模式。

这个节律模式的观念作为连接质与量之间的环节，对于现代自然理论是重要的。它不但为那些迄今为止互不联系的思想提供了一种联系，而且更重要的还在于，它揭示出了时间观念的一种新意义。如果一个氢原子具有氢的性质，不仅因为它由一定数目的电子组成，甚至也不仅因为那些原子以特定的方式排列，而且是因为它们以一种特定的有节律的方式运动，那么，在某一给定的时间以内，原子就根本不具有那些性质：它只有在一段长到足以让运动节律将自己建立起来的时间里，才能拥有这些性质。人们向来都知道，有某些事物只能存在于一段时间中，而不能存在于一个单纯的瞬间中。运动就是最明显的例子：在一个瞬间中，一个运动的物体与一个静止的物体没有区别。生命也是个非常明显的例子：唯一能区别一个活的身体与一个刚死去的身体的是，在活的动物中某些有节律的过程和变化正在进行，而死的身体中没有这些。因此，生命像运动那样，是一种需要时间的事物，不具有瞬间的存在。亚里士多德表明道德特性也是如此。比如说，根据他的看法，幸福是这样一种东西，仅当一个人终身拥有它（ἐν βίῳ τελείῳ）时，它才真正属于他。因此，他的精神状态的一个瞬间点不可能辨别出他幸福与否，正像由一张瞬时照片不能辨别活的动物与死的动物，或者运动的物体与静止的物体一样（参见本书前面第 19—22 页[①]）。

① 指原书页码即本书边码。——译者注

但是，在现代物理学出现之前，人们一直认为，运动仅仅是发生在物体身上的偶然事件，物体脱离这些事件仍享有自己的特定本性。人们认为，一个物体在其历史的每个时刻都是它所是，任何发生在它身上的事情都不能改变它的物理属性。这个原子作为电子的运动模式的新理论，改变了所有这些，并且使物质的化学性质与心灵的道德特性或有机体的生命性质相似，使它们都成为时间的函数。因此，正像在伦理学中，我们公认不能将一个人之所是与他之所为分开，在生物学中不能将一个有机体之所是与它的所为分开，同样，在物理学中，我们也不能把物质的所是与它的所为分离开。这种分离是所谓的经典物理学的基石。它认为运动是外在的，被加到一个已经享有自己的固有属性、不受这些附加物影响的物质上，并且相信物质世界的一张瞬时图片将揭示它的全部本性。 147

这里，我们在化合价的电子论中看到，旧的物质理论（柏格森仍然认为是正确的）正在消失，并让位给一种新的理论，按照这个新理论，物质根本上是过程或活动，或某种非常像生命的东西。但是，这种新理论对泛灵论、物活论或对有机体中的生命过程与原子中的物理过程的任何混淆，都没有作出丝毫的让步。在这个非常重要的相似性被发现的时候，这两种过程之间的区别并没有被忘记。因此，当在这些新的物质理论的激励下，一位像怀特海这样的哲学家宣称，整个的实在是一个有机体，或者一位像亚历山大这样的哲学家把时间描述为以空间为身体的心灵的时候，指责他们回到了自然是活的事物的旧希腊观点上去，那就是误解了他们。他们不像柏格森可能喜欢做的那样，把物理学融进生物学，他们是在欢迎一种新的物理学观点，这个新观点在现代史上第一次揭示了物质世界与生命世界之间基本的相似之处，而不是一系列不确定的对比。

让我们现在来考虑碰撞与吸引这个二元论，看看近来的物理学是如何处理它的。当我们回想起，对牛顿来说，唯一的希望似乎
148 是否定真实的引力并把它们还原为碰撞时，新近物理学的新奇之处就被如下事实引人注目地展示出来：它走了相反的路线，完全否定碰撞是 *vera causa*（实在的原因），并将它还原为引力和斥力的一种特殊情况。按照新的物质理论，没有任何物质粒子与其他粒子发生接触，借助与磁场的类比，每个粒子被设想成被一种力场所包围；当一个物体弹起另一个的时候，这不是因为物体与物体的碰撞，而是因为一种类似于两根磁铁北极的相斥的斥力。

这里，物质的基本概念再次揭示了在其结构上的一个深刻变动。旧的观念认为，首先，一片给定的物质就是它的所是，其次，由于它享有那种永久而不变的本性，它在不同的场合以不同的方式表现。正是因为一个物体本身或固有地具有某种质量，它才施加某种力去碰撞或吸引其他物体。但是现在，属于物质物体的能量不只是解释了它们相互之间的作用，它们还解释了每个物体自身的广延和质量。一立方英寸的铁之所以只占据一立方英寸，是由于组成它的原子的引力和斥力之间的均衡，而且，由组成它们的电子的引力和斥力所建立的有节律的模式，使得这些原子只能是铁原子。因此，不但化学性质，就连物理和数量的性质现在也都被看成是活动的一种函数。认为物质之所以做它所做的，是因为首先，与它所做的无关，它是它所是的——这种看法远不是真的，相反，我们现在知道，物质之所以是它之所是，是因为它做它之所做，或

者更确切地说，它是它之所是与它做它之所做是一回事。进一步，不但在化学中，而且在物理学的更基本的领域中，已经出现了以物质为一方、以心灵和生命为另一方的两者之间新的相似性：物质不再作为这样一种领域与心灵和生命形成对照，在这个领域里，存在（是）不受制于行动且逻辑地先于它；相反，物质作为第三领域与它们相似，在其中，存在（是）根本上就是行动。

为了表明这些含义已明确地为今天接受过科学训练的哲学家 149
所意识到，让我们从怀特海那里摘录一段简短的文字——他作为一位数学家和物理学家的早期生涯，被他作为一名哲学家的工作所辉煌地延续下来：

> 旧的观点使我们从变化中抽象，在瞬间中设想自然的全部实在：从任一时间延续中做抽象，仅仅通过物质在空间中的即时分布来刻画它的相互关系。按照牛顿的观点，相邻时刻分布的变化一直受到忽略。但是基于这种观点，这样的变化与物质宇宙在此瞬间的基本实在完全无关。位移运动……是偶然的而非本质的。同样，持久性是本质的……在现代观点看来，过程、活动和变化都是基本的事实。瞬间中不存在任何东西。每一瞬间仅仅是把握事实的一种方式。因此，由于不存在作为简单基本实体的瞬间，自然在一个瞬间并不存在。（*Nature and Life*，1934，pp. 47—8）

从这以后，几乎就没有必要去重新考虑厚重物质和以太的二元论，因为拥有内在的广延和质量、由每个时刻都相同的物体所组成的厚重物质已经消失。由于迈克尔逊—莫雷实验——它决定性地证明了光并不是通过静止媒介传播的一种扰动——以太也消失了。但是古老二元论的一种非常奇怪的残余至今仍留存于今天的物理学中。现代物理学家们已经证实，不但光线，而且所有的电子，也都表现出一种古怪的、不明确的样式。它们有时表现得像粒子，有时像波。人们于是就问，它们到底是哪一种？它们不能两种都是，因为如果一个电子是粒子，它就不能表现得像波那样，如果它是一种波，就不能有时表现得像一个粒子。因此，物理学家已经把他的思想状况描述成，他在星期一、三、五信从微粒说，在二、四、六信从波动说。现在看起来很清楚，粒子说正是经典物理学中厚重物质观念的幽灵，而波动说则是以太观念的幽灵。观念死去，它们的幽灵通常还要徘徊，但任何幽灵都不会永远徘徊；对那些脑中萦绕着这种幽灵的人们来说，重要的事情是记住它们仅仅是幽灵。

150 按照现代物质理论，电子不可能是一个粒子，因为粒子意味着一个厚重物质的粒子，它之所是与它的作为无关。它也不能是一种波，因为波意味着弹性介质中的一种扰动，这种介质拥有与被扰动无关的广延和弹性特征。

如果电子和质子只是有时表现得像粒子那样，有时像波那样，那情况就会很严重。但是有一个定律控制这种表现上的差别。我从詹姆斯·金斯爵士那里(James Jeans, *The New Background of Science*, 1933, p. 163)摘录如下：电子和质子“当它们自由地穿过空间时，表现得像粒子那样，当它们遇到物质时，像波那样。”以及，“存在着一种完备的数学理论，它表明在所有这样的场合下，粒子和波的图像如何仅仅是同一实在的两个方面，这样，光就能有时表现得像粒子有时像波，但不可能在同一时刻像两者。它还解释了电子和质子如何也是如此”。金斯所提到的这个理论——海森堡（Heisenberg）的波动力学理论——的数学完全为我所不能及，但我只关心它的形而上学。从这个观点看来，该理论绝不是荒谬的。

假设我们严肃地对待如下现代观点，即不但心灵和生命，而且物质也内在地和本质上是活动；还假设，那个构成并且本身就是物质世界的活动，是一种分布在空间且在时间中发展的活动，那么，就会得出这样的结论，我们所称的一个物质粒子就是活动的一个集中点，与其他集中点在空间上发生联系。它的活动必然有双重特征：首先与自己发生联系，其次与别的所谓的粒子发生联系。在与自己的联系中，它是自我发展、从而自我维持的过程，即某种独立自足和持久的东西，某种旧形而上学的实体术语可以被应用于其上的东西。就这个自我维持的活动，我们可以将现代物理学的电子与莱布尼兹的单子做个很好的比较。就它与任何别的电子的关系而言，它是一种从外部撞击别的电子的活动；现在它只是环境中的一种扰动，一种别的电子像铁屑发现自己处在磁场中一样发 151
现自己处于其中的力场。如果我们记得电子就是它的作为，它的实体不是别的就是它的活动，那么我们将不难发现，电子实在的或实体性的存在一定有这种双重特征：我们将不再说，它是一个事物，但在某些情况下表现得就像它是另一个，我们更不会说它是某种第三类神秘的事物，一会儿以这种方式表现，一会儿以那种方式表现；我们将说，在与自身的关系中呈现出一种特征的同一个活动，必然要在它与别的类似于它自身的粒子的关系中呈现另一种

特征。任何试图用旧的厚重物质与以太的二元论来表述这种观念的人，都会说——正如金斯所说——自由移动的电子与厚重物质的粒子相似，但一个与另外的电子相遭遇的电子，将会与这个另外电子所身处的以太中的扰动相类似。任何人，只要意识到厚重物质和以太都不是观念而只是观念的幽灵，就不会被这个表面上的矛盾所吓住，并且为了显示出他知道这些观念实际上是如何的失灵，他会强调它。

因此，现代物质理论已经解决了我曾经强调过的所有三个二元论：碰撞和吸引的二元论，以太和厚重物质的二元论，物理量和化学质的二元论。但我还提到过其他一些使现代物理学的牛顿形式感到困惑的问题：物质和运动的二元论，运动从物体到物体的传递问题以及物质和空间的二元论。解决这些问题也是现代物理学义不容辞的责任，因此，我们必须追问新的物质概念是否能够胜任。

物质和运动的二元论消失了。这个二元论基于把运动看成是物质的偶性，把物质看成是某种在任何给定时刻、不论运动与否都完全拥有其自身固有的所有特性的东西。从这里可以推出，在物质中没有内在的理由说明为什么它应该运动，或者为什么应该静止；既然在任何给定时刻都已经完全实现了它自身的本性，它也就根本没有理由在任何其他时刻存在；这就是为什么笛卡尔说上帝在每一时刻都必须重新创造世界的原因。但是，现代物理理论认为物质之所以具有它自身的特性，不论化学的还是物理的，都只是
152 因为它运动；因此，时间是它这种存在的一个要素，而这个存在根本上就是运动。

运动从物体到物体的传递也消失了。所有的物体在所有的时间都处在运动中，而且由于这种运动是活动，它必定在内在活动和外在活动的双重形式中展示自己，这样，每个物体必定既在自己运动中作用于自身，又在使别的物体运动时作用于它们。

四　自然的限度

现在还剩下物质和空间的二元论，确切地说——由于时间现在是物质存在的一个因素——是物质和时—空的二元论。物质是发生在空间且需要时间的一种活动。这个活动所占据的空间和时间与占据它的活动之间的关系是什么？

与牛顿不一样，现代物理学家不承认有空的空间。物质是活动，因此一个物体就在它活动的地方；又因为物质的每一粒子作用于整个宇宙，所以每一物质存在于所有地方。这个理论也是由怀特海明确提出的。这似乎断然否定了物质的广延性或伸展性，这些性质意味着每一块物质都外在于此外任何一块。但实情并非真是这样，因为这些各种各样相互重叠、相互渗透的活动，各有自己的集中点或中心，并且就它自我维持的方面而言，所讨论的物体就位于那个中心，而不在别的地方。因此，现代理论尽管否定了牛顿空的空间理论，却并没有声称一个相反的理论或所有的空间充满物质的笛卡尔式的理论。因为在那个理论中，物质不是指活动或能量，而是厚重物质。

所有的物理学家现在都承认相对论。在它的狭义和较早期的形式中，这个理论主张：任何两个物体 A 和 B 的物理和化学活动——尽管它们都会受两者距离之变化的影响——无论如何不会由于A静止B运动、或A运动B静止而受到不同的影响。爱因斯坦1916年陈述的广义形式扩展了这个理论，使之涵盖了每一种运动，例如，当A静止时B绕它旋转或B静止时A绕自己的轴旋
153 转。这就是说，物理学家们现在发现，绝对静止或绝对运动的概念都是没有必要的，所需要的只是相对静止和相对运动的概念。这意味着，物理学不需要绝对位置或绝对大小的概念，它所需要的只是一个物体相对于另一物体的位置或大小的概念。[①]

这对物理学家来说都很好，但它的宇宙论含义却令人担忧。正如我已经解释过的，牛顿时代的经典物理学，开始于一幅得自希腊原子论者们的宇宙论图像；根据他们的看法，空间在任何方向必须是广延、均一和无限的，无论其中是否有东西，而时间在同样意义上也必须是无限的。现在，如果空间都充满了力场，那么在空间的每一点上，有无限多的力从四面八方冲击位于那里的任何一片物质，并且由于这些力将相互抵消，其结果将根本没有什么力作用于那片物质。确定的事件在空间的这个或那个点上发生，只是因

① 在相对论中，人们必须区分理论的对象与获得这些对象的过程。爱因斯坦1916年的广义相对论不只是柯林武德所说的这种理论向其他种类的相对运动的一种扩展；它的特征在于，它提供了借以获得一组自然观的程序规则。它设计了一个程序，依照它，任一观察者A，可以从它自己对一现象的描述推论另一观察者B对这同一现象的描述，只要假定B相对于A的位置和运动已经由A确定就行。由观察者A向观察者B的过渡用专业语言可称为“坐标变换”。程序的规则是转换的和对称的：我们可以由A或B开始，无须附加什么A静止B运动或B静止A运动等条件——尽管对于某一观察者来说，问题中的现象有着与在另一观察者看来不同的空—时关系。——E. A. 米尔恩

为确定的力在那里起作用，而确定意味着有限。于是，正像爱因斯坦所指出的那样，我们必须把物质世界从而把空间设想为有限的。我们在回答卢克莱修“如果你走到空间的边缘并向外投掷一支矛，将会发生什么情况”这个问题时，必须这样说：在这个有限的宇宙之内，物质或光线所有可能的运动轨迹都是弯曲的路径，以至于它们在自身无限的返回的意义上是无限的，尽管就它被限制在一个确定的宇宙体积中而言，它们是有限的。与这种宇宙的空间限度相对应，它时间上的限度的观念也出现了。涡旋星系的光谱所揭 154
示的事实表明，它们正从一个共同的中心向外运动，从这可得出这样的理论，即物理宇宙起源于过去某个并非无限远的日期，起源于某种类似于能量爆炸的事件中，正是这一事件同时开始了时间，以及在时间中开始产生空间。

既然它无可否认地有一个日期，就很容易坚持这个事件一定意味着在它之前已有时间，正如很容易坚持一个膨胀的宇宙——甚至一个有限但不膨胀的宇宙——一定意味着有空间包围着它。然而，回答如下问题就不那么容易了：这种坚持究竟意味着什么，如果说意味着一些什么的话？也就是说，我们是否真的拥有在其中无事发生的时间观念，或在其中无物就位的空间观念，以及如果有的话，这些观念又是什么。一方面，时空的观念似乎只是来自运动观念的抽象；另一方面，它们似乎又是那个观念的逻辑前提。现代物理学家发现有可能把时空当作是对运动的抽象，但从康德时代以来的哲学思想习惯于把它们当作先决条件看待。

现在，假设哲学思想是对的。可是，如果空间和时间逻辑上先于运动，而不仅仅是对它的抽象，这就能推出，从宇宙论角度说(亦即不是谈论逻辑的先决条件而是谈论真实的存在),在运动开始之前以及在运动正在进行的区域之外,空间和时间需要真实的存在吗?这种方式的论证,是将概念实体化,是把真实的存在赋予实际上只是逻辑存在的东西。正如泰勒士把物质看作是某种在世界由它构成之前就必须拥有真实存在的东西,然而在这个术语的希腊文意义中,物质只是一个逻辑的抽象一样,那些对有限宇宙观念感到吃惊的现代科学的批评家们,把空的空间和时间看作必须在那个宇宙之前和之外真实存在的两种空无,然而,它们实际上只是它的逻辑先决条件,不是实际的母体——宇宙像块水晶一样位于其中,也不是空的子宫——宇宙像婴儿那样在其中形成。

希腊思想发展和批判了泰勒士的物质概念,得出了这样的结
155 论,即物质实际上指的是潜能,所以,说物质先于世界存在只是指在世界存在之前,世界有存在的可能性。同样的道理,人们也许会论证说,作为旧的物质观念之幽灵的空的时空,真正指的是运动的潜能。这样,如果我们坚持先于物理世界的时间观念和超出它范围的空间观念,我们就只是在坚持一定有某种先于和超越于它的东西,使它的起源和存在成为可能。但是,这个在先是逻辑的在先,而不是时间的在先;这个超越是逻辑上的超越,不是空间上的外在。

至少如下这点看起来是清楚的:由于现代科学接受了物理宇宙在空间上肯定有限、在时间上也许有限的观点,被现代科学等同于物质的活动就不可能是一种自我创造或根本上自我独立的活动。从这样的观点来看,自然界或物理世界作为一个整体,为了它的存在必须从根本上依赖它自身之外的某种东西。在这里,现代

科学与柏拉图、亚里士多德一致，与伽利略、牛顿一致，与康德、黑格尔一致：一句话，现代科学经过一次唯物主义的实验后，已经回到了欧洲思想的主流传统上来，即总是把事物总格局中一个本质上是派生的或依赖的角色划归自然。的确，就为什么自然必须是依赖的，人们已经提出了最多样化的证据，并且，就它依赖于什么，也提出了最多样化的理论。但总的说来，引人注目的是，科学家和哲学家们几乎无一例外地同意，自然界仅仅构成了全部存在者的一部分或一个方面，在整体的领域中，它的地位是第二位的，依赖于某些先于它的东西。这种传统观点当然被希腊原子论者所否定，也被约翰·司各特(John Scotus)所否定——他走得如此之远，不仅把自然等同于存在的总和，还把它等同于存在的总和加上不存在的总和。这种传统观点还被唯物主义所否定。唯物主义构

成了19世纪欧洲思想中流行的和有影响的旋律，但它基于物质的 156

观点，而正如我已指出的，这种物质观被最近三四十年的科学研究抛弃了，现在它只是在新发现未曾穿透的思想死角和杂物间里苟延残喘。

这就是为什么现代科学的领袖像爱丁顿(Eddington)和金斯等人谈论上帝的方式会使50年前的大多数科学家感到震惊的原因。在把他们的物质理论发展到这个地步，即物理世界本质上的有限性和依赖性变得显明之后，他们把上帝这个传统的名称给了自然界所依赖的东西。这个传统名称的用法之所以受欢迎，不仅因为它给弥补19世纪科学和宗教之间的裂缝带来了希望，也不仅因为它标志着一种对柏拉图、亚里士多德和笛卡尔哲学传统主流的回归，而且因为它表明了现代思想与主观唯心主义划清界限的

程度。值得尊敬的权威康德会提出一个非常不同的结论：如果自然脸上标着为了存在而依赖别的东西的记号，那么这个东西就是人的心灵。已经有人尝试过为了主观唯心主义而去捕捉相对论和其他现代理论中明显的反唯物主义倾向，而且有科学家帮助和支持这些尝试，并将主观唯心主义作为一种防空洞，借此逃避对他们自己的自然概念的批判：他们说，这个概念毕竟是人类心灵构想的概念，而众所周知，人类心灵的理解能力是有局限的，因而这样一个概念被发现缺乏一致性也是自然的。但这是拙劣的哲学，因为它暗示我们既能又不能超越我们自身的认识能力：能超越它们，是因为否则的话，我们就不能够意识到它们的局限性和它们引导我们所得出的结论的不妥之处；不能超越它们，是因为否则的话，我们就能够克服其局限性，并使结论更加完善。我们这个时代科学和哲学中最有生气的思想，已经坚决地摒弃这些主观主义的或现象论的学说，并赞同不论自然依赖什么东西，它都不会依赖人类心灵。

157 尽管爱丁顿和金斯这些科学家所表达的理论——即自然或物质世界依赖上帝——由于既反唯物主义又反主观主义而受到欢迎，这些都还仅仅是否定的价值。如果这个理论要代表任何正面的东西，那么我们必须不但要知道上帝是物质或人类心灵之外的别的东西，而且还要知道这别的东西究竟是什么。对最接近宗教传统的爱丁顿来说，物质的自然所依赖的非物质实在是心灵，也就是说，他视上帝为精神。他对这一点的论证发表在他论“物理世界的本性”的吉福德讲座（*The Nature of the Physical World*，1928）中，不过在我看来，它还带有现象主义的残迹：他的最后一招是将自然视为现象，而把心灵视为自然向之显现的东西。金斯更多地向柏拉图靠近，把自然为了存在而依赖的非物质实在，首先看作是一个数学形式的复合体，其次，以一种相当柏拉图的方式，看成是一个思考这些形式的上帝，一个几何学家—上帝。但这里，在理想的客观数学秩序对一个绝对的数学家心灵的依赖之中，似乎也还存在着一个主观主义的因素，虽然是一种更微妙类型的因素。

158

第三章　现代宇宙论

在数学物理学家的著述中,形而上学的论证线索略嫌不足,我们必须求助于职业哲学家的工作。我将只涉及他们中的两位:亚历山大和怀特海。他们中的每一位都是非常高级别的哲学天才,他们的著作标志着哲学著作向那种宏伟风格的回归,我们在英语中最后一次见到这种风格是在休谟的《人性论》中。这种宏伟的风格不是一个时期的标志,而是一个心灵完全掌握并消化了它的哲学材料的标志。它基于对论题实质的广泛而坚定的见解;它本质上是客观的,不关心别人的看法是批评还是阐明,只关注事物本身的性质;它的标志是心情平静,观点坦率,不隐瞒任何困难,不以好恶而取舍。所有伟大的哲学家都具有这种冷静的头脑,所有的激情随着他们眼光的明晰而消逝,他们的写作如同站在山顶上观察事物。这是一个伟大哲学家的独特风格。一个不具备这一点的作者,也许值得读或不值得读,但肯定称不上是伟大的。

一　亚历山大

我们就开始考虑从亚历山大的山顶看到了什么样的自然。这个存在于无休止变化中的世界，在他看来[1]是一个单一的宇宙过程。在这个过程中，更高品级的存在随着它的发展而突现(emerge)。“突现”这个词是从洛伊德·摩根那里借来的，他在他的《直觉与经验》(*Instinct and Experience*, 1912)一书中使用了它，后来在《突现进化》(*Emergent Evolution*, 1923)中提出了一个类似的作为进化过程的世界观。他用“突现”这个词来说明，更高品级的存在不只是过去事件的后果，过去并没有像结果包含在原因之中一样包含在更高品级的存在之中。因此，高级者不只是低级者的一个修正和复杂化，而是某种真正的、在质上新的东西。它不 159
能通过将它还原到它由之生长出来的低级者而被解释，而要根据它自身特有的原理。因此，按照洛伊德·摩根，生命已经由物质突现，心灵已经由生命突现；但这并不意味着生命仅仅是物质，生物学应当被还原为物理学的一个特殊情形，也不意味着心灵只是生命，心灵的科学要被分解为生物学从而最终分解为物理学。摩根的论证没有说明为什么一个新的品级的存在会从一个旧的中突现，或者，为什么事物会在任何一个确定的序列中突现。他的方法，正如他自称的，是纯描述性的。在此我必须提到斯玛茨将军(General Jan Smuts)在他的论“整体论与进化”的书(*Holism and Evolution*, 1926)中对同一观念的扩展。他的观点在哲学上比洛伊德·摩根更坦率，他想通过主张自然充满一种趋向整体创造或自足个体的冲动，来尝试建立突现原理。他还试图展示进化的每个阶段，如何被一个新的和更恰当的个体类型——这个个体包含并

① *Space, Time, and Deity* (2 vols., 1920): Gifford Lectures, 1916—18.

超越此前存在的个体，将之作为它自己的部分——的突现所标记。

亚历山大的进化观与这两者非常接近。他接受了生命突现于物质、心灵突现于生命这个一般的图式（这是自黑格尔以来的老生常谈），并且主张在这两个突现之中——其他的突现都与此类似——过程的本质是：首先，事物按明确的结构和自身的特性存在，继而，这些事物将自己编排成一种新的模式，它在整体上具有一种新的结构类型和新的质的品级。这里所包含的基本概念是：质依赖于模式。正如我已经说过的，这就是毕达哥拉斯借以解释音符、现代科学借以解释化学性质的概念。亚历山大勇敢地把它扩展到整体进化之上。他从时间—空间入手，不是照牛顿的方式把时间空间作为两个分立的实体，而是一个单一的实体，在其中，用他自己的表述，空间是隐喻意义上的身体，而时间作为组织的原则则是心灵。没有空间就不可能有时间，没有时间就不可能有空间。因此，我们得到的不是分别分布于空间和时间中的无限的点和无数的瞬间，而是一个单一的无限的点—瞬间，它是所有存在物
160 的最终构成要素。因此，一切存在的事物都有一个处所的方面，还有个时间的方面。在其处所方面，它有一个确定的位置；在其时间方面，它总是在移向新的位置；于是，亚历山大形而上学地得出了物质内在的拥有运动的现代概念，以及所有运动在空—时整体内部彼此相互联系的现代概念。最先的突现是物质自身从点—瞬间的突现。一个物质粒子是点—瞬间的一个运动模式，由于这个模式总是确定的，所以物质粒子具有一个确定的质。这是对当代物质理论的形而上学阐明。在这里，就像他在别处的论证中经常做的那样，亚历山大谨慎地指出，质不只是一种现象，它不只因为向

一个心灵显现才存在，它作为客观世界中结构的一个功能而存在。这不但适用于化学性质，也适用于物质的所谓第二性质，如颜色等。它们都是由物质元素组成的模式本身的功能。因此，一个特殊的音符是内在地属于空气振动中的某种节律的性质，不管是否有耳朵去听它，它都是实在的。因而，在生命突现之前的物理世界中，已经有各种存在的品级，每一品级由属于低一级的元素所构成的模式所组成：点一瞬间形成一种模式，即具有物理性质的电子，电子形成一个具有化学性质的原子，原子形成一个具有新的更高级化学性质的分子，分子如像空气分子，则形成能发出响亮声音的波形(wave pattern)，等等。

活的有机体也是模式，其元素是小片物质。这些物质小片本身是无机的，只有它们所构成的模式整体才是有生命的，而且它的生命是其物质部分的时间方面或有节律的过程。因此，生命是有机体的时间方面，它的空间方面是无机的物质。换句话说，生命是一种特殊种类的活动或过程，它属于一个由诸部分组成的身体，而这些部分就自身着眼又享有下一个更低级的活动。

心灵是由活的有机体中出现的更为特殊种类的活动，它将生 161
命作为它的基底或物质，因此心灵是生命活动的一种模式。正如生命与属于有机体之物质的任一活动有质的区别，心灵与属于生命的任一活动也有质的区别。而且，正如物质中有不同的存在品级，生命也有不同的品级，有较高级的和较低级的，较高级的是较低级的精致形式，心灵的不同品级也是如此。“看起来，升级通过复杂性来发生，但是在质的每一个变化中，复杂性实际上将自己聚集起来，并为一种新的简单性所表达。突现的质是向组分物质一

种新的整体性的整合。”(ii. 70)

这个进化过程在理论上是无限的。目前，它已经到达心灵的阶段，但它仍然一直向前，因为在每一阶段都有一个前驱运动或推动力，一种奋争或驱策力，指向下一阶段的实现。心灵的诸多特殊性之一，便是能够意识到这种驱策力，并在它的思维中设想它的进化正被引向的那个目标。因此，每个心灵都有一个更高级心智形式的概念，并有意识地努力使自己变成这种形式。这些概念就是支配人们行为和思想的观念。但是，作为整体的心灵还只是宇宙过程的一个阶段，它在努力地从自身中演化出某种不同于自己的东西，就像心灵不同于生命那样。这种东西出现时，就其物质的一面来说，它是心灵活动的一种模式，如同心灵是生命活动的一种模式，但是就其形式或质的方面来说，它又是某种全新的东西。这个尚未实现的更高品级的质是神性，于是，上帝成了这样的存在者，其突现正是心灵进化的努力目标。

我不能停下来去列举对这个命题——在它的建筑思路中是如此经典的严格和简单——从细节上进行证明和辩护的数不清的方法，更不用说指出它与其他伟大哲学家的宇宙论的诸多密切关联。我必须回到起步之处并问一个问题：亚历山大所说的宇宙过程基于什么样的基础或先决条件？柏拉图、黑格尔以及现代柏拉图主
162 义者如金斯，都认为它依赖非物质形式或范畴的一个永恒品级。亚历山大有关于他自己关注的范畴的理论，他不按照柏拉图或黑格尔的方式把它们看作超越于经验事物，或作为后者的先决条件，而是看作内在于它们，不管它们存在于何时何地，也就是，他把范畴就看成是存在于空—时之中的无论什么东西的弥漫和遍布着的

性质。因此对他来说，空—时一方面产生范畴，作为打在它所有创造物之上的检验印记，另一方面产生经验存在物之品级，每一个品级都拥有它自身的特殊性质，但所有的品级都被标记上了如下范畴化的特征：同一性、多样性、存在性、普遍性、特殊性、个别性、关系、品级、因果性、交互性、量、强度、整体性和部分性、运动、统一性和多元性。空—时是范畴的来源，但范畴并不适用于空—时。它们只属于存在的东西，而存在的东西并不是空—时本身，而是其中的经验事物；然而，这些事物具有范畴化特征的一个原因和唯一的原因是，它们存在于空—时中。因此，亚历山大认为它们建立在空—时的本性之上，也就是说，他的目的在于从空—时的定义中把它们作为它的必然结果推导出来。

这个空—时逻辑上先于范畴的学说值得引起密切的关注。表面上，它使我们想起《纯粹理性批判》。这本书从空间时间开始，然后进入到范畴。但康德并不是从时间和空间中推导出范畴的，而是从一个独立的来源即判断的逻辑表中导出的。康德并不像亚历山大那样认为经验事物实际上明显地标有范畴的印记，相反，他认为，在自然界中经验的发现的那些弥漫着的特征，不是范畴本身，而是范畴的先验图式。因此，举例来说，我们在自然界中经验地发现的东西绝不是因果关系，不是将结果与原因绑在一起的必然联结，而只是因果关系的图式即均一的序列。这个先验图式便是可见世界中弥漫着的性质，它们依赖空间和时间，只是时空结构的形
式。当我们问，亚历山大体系中的范畴是否就是康德所说的范畴 163
或先验图式，答案很简单，任何人都能从亚历山大的论述中证实它：它们不是范畴，而是先验图式。看起来，亚历山大——虽深受

康德影响，但又决心不惜任何代价以避免康德的主观主义——因为康德的范畴仅仅是思维的主观必然性，便彻底放弃了它们，而满足于单独的先验图式。但是，如果你放弃了原因范畴而用图式代替，你就是放弃了必然联系的观念，而试图满足于均一的序列。这就是说，你正在把自己依附于一种像约翰・斯图亚特・密尔(John Stuart Mill)那样的经验主义，对他来说，一个原因就只是一个前件，因此一切知识都只是对事实的观察，没有任何对必然性的理解。亚历山大恰恰就是这样做的。他的认识论就是这样：心灵是具有认识其他事物能力的东西。他仔细表述的哲学方法论，是对同样理论的一个应用，因为他告诉我们说，哲学的任务不是去推理、论证或解释，而只是去观察和描述事实。

这种经验主义的个性是亚历山大哲学的薄弱点。如果哲学的方法纯粹是经验的，如果普遍的仅仅意味着到处弥漫着的，必然的仅仅意味着实际上的，思想仅仅意味着观察，那么，建立在这个方法之上的体系都不可能在驱动力和连贯性上处于有利地位。在每一次转换中都有任意性的因素，并且如果一个读者执意要问，“为什么空一时要产生物质？为什么物质要产生生命？为什么生命要产生心灵？”等等，他将得不到回答；他将仅仅被告知不应当问这样的问题，而应当怀着自然的虔诚来接受这些事实。但是，如果说小孩是成人的父亲的话，那么很显然，自然的虔诚的第一职责就是尊重并努力去满足以“为什么”开头进行提问的幼稚倾向。

这个弱点的极端形式，出现在亚历山大对上帝观念的解释中。那个解释以其冷峻的光芒令人眼花缭乱，但这不该让我们看不出它悖谬的特征。我们对上帝的通常看法无疑是幼稚的，但不管怎

样，它们一开始就认为上帝在开端处创造了天地。亚历山大正相 164
反，他说在最后天地将创造上帝。为了使这个生硬的矛盾得以缓和，他把上帝变成一个意义含糊的术语，并且说，由于这个世界努力趋向神性的突现，所以它实际上也可以预先被称为上帝。但亚历山大无权做这种模棱两可的事情，并且他真正的思想在其他地方被表述，在那里，他说，作为质的无限的上帝不可能存在（这必定意味着上帝的存在是内在的不可能，因此他决不会存在）。他还说，上帝因此只是一个图像，尽管没有任何东西实际上与之相符（或许我们必须补充的是，将永远不会有东西与之相符），但它还是一幅非常值得画的图像。因此，当亚历山大问自己是否能支持宗教和传统宇宙论共有的这个信仰，即上帝是世界的创造者时，他回答说，不，他必须拒绝它：空一时才是创造者，而上帝不是；并且严格地说，上帝不是创造者而是一个被创造者。这些结论在一种其方法号称是严格推论的哲学中将不会引起反感，因为这样一种方法，如果它得出与通常观念相反的结论，它将有权通过论证为这些结论辩护（比如斯宾诺莎为他的"我们通常的自由观念只是一种幻想"的观点辩护）；但是在一种其主导的方法论是自然的虔诚的方法论的哲学中，这个结论是会引起反感的，因为这样的哲学应当把通行的观念原样地接受下来，而通行的上帝观念中最基本的莫过于上帝创造世界这个信念了。

尽管亚历山大的著作有卓越的优点——它是现代哲学最伟大的胜利之一，这本书通篇表述着富有启发性和重要性的真理——但在体系的逻辑与材料之间存在一个鸿沟。这材料出自他作为人的一般经验，而他曾试图把这些材料整合进去。根据这个体系的逻辑，亚历山大应该在开始就否定逻辑的必然性并陷入纯粹的经验主义之中，在最后，他应该否定上帝并落入纯粹的无神论之中（他把上帝与空—时等同起来这件事除外）。那些在生活经验和思想经验上禀赋比他差的后继者们——不像他那么伟大可仍不失为聪明的哲学家们，也许可以轻易地达到这两个步骤。追随他的另一种可供选择的方式，就是重新考虑体系的逻辑，尤其是重新讨论这样的问题：弥漫在自然整体中的范畴化特性，是否不暗含某种自
165 然之外的东西，不暗含某种先于空间和时间的东西。

这把我带向怀特海——不是因为他是亚历山大的追随者，他不是，而是因为他表述了一种总体上非常类似亚历山大的观点，但对上述问题做了不同的回答。

二　怀特海

怀特海早年接受的是数学家、物理学家的训练。他开始是以一个数学家的身份反思自己与罗素（Russell）合著的《数学原理》（*Principia Mathematica*）中的思想而进入哲学研究的。那是一部数理逻辑的巨著，奠定了现代逻辑分析的基础。后来他写了几部对物理学进行哲学解释的书：《自然知识原理》（*The Principles of Natural Knowledge*）和《自然的概念》（*The Concept of Nature*）。最后 1929 年，在《过程与实在》（*Process and Reality*）中建立了一个总的形而上学体系。他的哲学著作，构成了 20 世纪实在论运动的一部分，并且是非常重要的一部分。然而，那场运动的其他领导者，是在接受了 19 世纪后期的唯心主义训练之后才达到实在论

的，因而他们的实在论带着皈依者的狂热，并且病态地惧怕重犯他们年轻时的过失，这就给他们的著作以一种紧张的气氛，好像他们关心发展哲学知识，还不如关心证明自己是唯心主义的死敌。怀特海的工作完全不受这些事情的影响，他没有遭受任何成见。很显然，他不在乎他说的是什么，只要所说的是真的。他成功的秘密就在于这种免于焦虑的自由。

他的自然理论与亚历山大的十分相似。他认为，自然由变动着的模式所组成，这些模式的运动是它们存在的本质；这些模式又被分析成他所称的事件（events）或机缘（occasions），与亚历山大的“点—瞬间”相对应。但是，与某些采用了他的分析方法的人不同，他拒绝相信一个复杂事物的真实存在或本质，能通过把它分析成它由以构成的事件而被发现。分析的确揭示成分，但也瓦解它们的结构。怀特海与亚历山大的观点一样，都认为一个复杂事物的本质等同于它的结构或亚历山大所说的模式。分析方法受到更 166
狂热的实在论者的欢迎，主要作为逃避主观唯心主义的方法。在实际的经验中，被认识的客体总是与认识它的心灵共存。主观唯心主义者争辩说，这个由认识者与被认识者两部分组成的整体，当被切分成它的组成部分时，不可能不损坏它们两者，因为它们每一方都被取走了只有与另一方结合时才拥有的东西。因此，唯心主义者认为，我们所认识到的事物如果没有被这样认识，就不会恰好像我们所认识的那样存在。对这个论断，分析方法似乎提供了一个回答：一个复杂的整体仅仅是外在关联的诸部分的一个集合体，而分析实际上揭示了这些部分以及各自不相干的性质。

这个反对唯心主义的论据，只有在它能够被保持为一个完全

的一般命题，即每一个整体都只是它各部分的集合体时，才是有效的。但是，即使是用这个论据反对唯心主义的摩尔，也没有保持住这一点。摩尔也承认存在着他称为有机统一体的东西，即整体具有的特征不可单独归于任何部分，而只归于所说的整体。摩尔在伦理学领域尤其承认这种统一体。也许是对摩尔原理的回想，导致了怀特海把自己的哲学描述成有机哲学，因为他所做的工作，就是把那个原理不是看作在伦理学以及也许某些其他领域中有效的一个有些奇怪和悖谬的定律，而是看作适用于整个存在着的实在领域的普遍原理。关于这个普遍适用性，他的态度相当明确。他认为，每一存在的事物都在他称为自然品级(order of nature)的东西里有一席之地(*Process and Reality*，II. iii)。这个品级由"实际实体"(actual entities)所组成，而实际实体又被组织或自己组织成团体(society)。于是，每一个实际存在的复杂事物都是一个团体。怀特海说，"一个团体远不是有一个类别名称(class-name)的实体系列，也就是说，它所包含的远不只是品级的数学概念"(p. 124)。这里，怀特海攻击了某些学说的根基，这些学说使得他从前的同行作出这样的断言，如一把椅子就是感觉与料的类别，而感觉与料通常被称为椅子的诸方面。

当怀特海坚持不懈地主张实在是一个有机体时，他并不是要
167 把一切实在都还原为生物学术语；他只是说，每一存在的事物类似一个活的有机体，因为它的本质不只是依赖于其组分，而是依赖于这些组分所组成的模式或结构。因此(仅指出一个明显的必然结果)，一个人自问玫瑰真的是红色的还是仅仅对我们的眼睛来说是红色的，这是无聊的。包含玫瑰的同一个自然品级也包含人类，包

括他们的眼睛和心灵。在我们所讨论的情形中，人和玫瑰都同样地真实，都是有生命事物的团体中平等的元素。玫瑰的色彩和美丽是那个团体的真实特征，不是简单地被定位在玫瑰中（这就是怀特海所说的“简单定位之谬”），而是定位在那个团体中，而玫瑰是这个团体的一个有机部分。因此，如果你向怀特海提出实在论者的口令性问题：“如果没有人看着玫瑰，它会是红的吗？”他会非常温和地告诉你：“不，整个情形就不同了”。于是，实在论者集团中的坚定分子便怀疑怀特海，把他看作摇摆不定的人。

怀特海认为，自然不仅是有机体而且还是过程。这个有机体的活动不是外在的偶然事件，它们结成一个单一的复合活动，而这就是有机体自身。实体和活动不是二，而是一。这是怀特海宇宙论的基本原则，他坚持这个原则，态度格外顽强和明朗。按他自己的解释，这个原则是现代物理学及其新的物质理论教给他的。自然的过程不仅仅是一个循环的或有节律的变化，它是一个创造性的增进；有机体在经历或寻求一个进化的过程，在这个过程中它的每一部分不断获得并产生新的形式。

这个宇宙过程有两个主要的特征，我称之为（用怀特海自己的词）“延展性”（extensiveness）和“目的”（aim）。我所谓“延展性”的意思是，它在一个空间和时间的舞台上发展：它散布在空间并经历了时间。我所谓“目的”的意思，是说怀特海像亚历山大那样用目的论解释过程。A 在成为 B 的过程中不是随机地变化，而是把它的变化定向到作为目标的 B 上。作为延展，过程意味着亚历山大所称的空—时；怀特海称它为延展的连续统，而且与亚历山大非常类似的论证说，它同时具有一个时间的方面和一个空间的方面，但 168

是没有空间就不可能有时间，没有时间就不可能有空间。他还和亚历山大一样主张，不存在也从来不曾存在过任何无模式或无过程的空的空间或时间。当传统的物质概念消失并被过程的概念所取代时，空的空—时观念也就消失了。自然界在空间和时间上的有限性——恒星宇宙空间上的有限性及其寿命的时间上的有限性——被怀特海用宇宙世(Cosmic epoth)的概念加以解释。他发现，自然中许多普遍的特征都是任意的，比如，能量量子、克拉克·麦克斯韦(Clerk Maxwell)所发现的电磁场定律、连续统的四维性和几何公理(*Process and Reality*，pp. 126—7，我举的都是他自己的例子)。他论证说，由于可能还存在着这些随意的特性在其中取不同值的世界，我们的世界只是许多可能世界中的一个，就像此前莱布尼兹曾经说过的那样。但与莱布尼兹不同的是，怀特海认为，由于没有什么内在的理由能说明为什么这些其他的世界不该存在(如果有理由，它们就不是可能世界，而是不可能世界)，所以它们一定都存在，不是此时此地，而是在空—时的其他地方，怀特海把它们统称为宇宙世。

一个特定宇宙世的有限性不只意味着，由于规定它的定律是任意的，所以在它之外的时间和空间中，可能存在、因此一定存在并因此存在着别的宇宙世；它还意味着，由于规定它的定律是任意的，因而并没有被完全遵从，由此接下来的是，弥漫在任一给定宇宙世中的品级被无序的情况所冲击，这些无序的情况逐步颠覆原有的品级，将之转变为一个不同类型的品级。以下是怀特海自己的话(*Process and Reality*，p. 127)：

但是，在定律没有被完全遵从，以及再生(借此形成新电

> 子和新质子）混杂着失败的情况的意义上，存在着无序。相应地，存在着一个向新的品级类型的逐渐转化，随之而来的是一个逐渐上升，直至取得对部分现今自然定律的优势。

作为目的论的、或被目的所弥漫的宇宙过程，它意味着某种别 169
的东西，而在此我们来到了怀特海宇宙论与亚历山大宇宙论的不同之处。对亚历山大而言，当一个新的模式在空—时中自我形成时，它所突现的新的质，只从属于那个模式；在任何意义上它们都是新的，整个地内在于它们借以实现的新事件。对怀特海而言，它们在一种意义上内在于存在的世界，但在另一种意义上它们超越于它：它们不只是新机缘的经验的质，它们也是“永恒客体”（eternal objects），属于一个柏拉图称为形式或理念的世界。这时，亚历山大倾向于经验主义传统——我已经指出了在这个问题上他与约翰·斯图亚特·密尔的密切关系——这个传统把被认识者与转瞬即逝的感觉与料相等同，而受过数学训练的怀特海，则代表了一种唯理论传统，这个传统把被认识者与必然和永恒的真理相等同。这把怀特海引回柏拉图，使他坚持永恒客体世界的实在性，并将之作为宇宙过程的先决条件。

亚历山大的宇宙过程基于一个单一的基础：空—时，怀特海的宇宙过程则基于一个双重的基础：空—时和永恒客体。这种区别使怀特海能解决某些亚历山大势必无法解决的基本性问题。例如，为什么在自然中要有一种奋争，去指向某些事物的产生？在亚历山大看来，这个问题没有答案，我们必须怀着一种自然的虔诚精神直接接受这个事实，而怀特海的答案是，属于这些事物的独特的质是一个永恒客体，用他自己的术语说，它是过程的“诱因”。永恒客体，正如柏拉图或亚里士多德所认为的，吸引着过程奔向它的实现。进一步的问题，上帝和世界的关系是什么？亚历山大认为，当世界终于具有了那个未来的质即神性时，上帝实际上就是世界。然而，正如我已经说过的，这使我们加于“上帝”一词之上的通常含义变得没有意义。对怀特海来说，上帝是一个永恒客体，但它是一个无限的永恒客体，因此，上帝不光是一个诱因，引起一个特定的过程，而且是无限的诱因，所有的过程都引导自身向它趋附。我引用他的话如下（*Process and Reality*，p. 487）：

170 他是感觉的诱因，意愿的永恒激励者［记住，感觉和意愿在怀特海的使用中，并不是排他地属于心灵，而是属于一切事物，只要事物从事创造性的、从而是目的论的活动］。当每一创造行动从它自身在世界中被限定的立足点出现时，他与它的特有关联把他构成为意愿的最初对象，而意愿则建立了各个主观目的的最初阶段。

怀特海遵照他自己的思想线索，为自己重构了亚里士多德的上帝概念，即上帝作为不动的运动者，通过对他的爱，发动并引导整个宇宙过程。很奇怪的是，他自己的思想与亚里士多德的思想相一致这种他很乐意承认的情况，得由一位朋友向他指出来——怀特海本人显然从未读过亚里多德的《形而上学》。我提起这件事并不是想嘲笑怀特海对亚里士多德的无知——我的本意绝不可能是这样，而是为了表明，他自己的思想——在《过程与实在》中也许可以看到一个柏拉图式的宇宙论——是如何转向亚里士多德的。现代世界的宇宙论思想从笛卡尔、牛顿到怀特海的这一周期，再现了从泰勒士到亚里士多德的周期。但这一再现并不是单纯的重复。它首先把基督教神学的主体吸收到自己这里，继而从那个神学中发展出现代科学的主体，即 17 世纪的新物理学和 19 世纪的新生物学。在怀特海的著作中，所有这些新科学的主要概念都被熔为一个单一的世界观，这个世界观不但自身融贯而简单，而且有意识地与哲学思想的主流传统相联系。怀特海本人，尽管没有迹象表明读过黑格尔，然而在《过程与实在》的前言中说，他的根本观点还是接近布拉德雷(Bradley)和绝对唯心主义的主要学说，虽然以实在论为基础(这表明他不知道黑格尔对主观主义的驳斥)；此外，他还声称要延续哲学的传统。怀特海避免了认为伟大的哲学家全是错误的阶段，到达了认为他们全是正确的阶段；他达到这个阶段，并非靠着哲学上的博学，继之以对原创性思想的尝试，而是靠着首先独立思考、然后研究大哲学家。

怀特海的主要哲学线索，我已经说过，是融贯而简单的，但在 171
试着找出它们的时候，人们会遇到一些次要的但却非常重要的难题。我将把它们中最重要的陈述出来，同时说明我并不总是肯定怀特海本人是否已经遇到那些难题。因为他写的东西总是非常难读，即使通过长时间的研究，人们还是不能肯定那些似乎被他忽略的问题，被他含蓄地解决到了什么程度。

首先是关于永恒客体的理论。他似乎认为，亚历山大称为经验的质的任何事物——某一特定时刻天空的蓝色，两个以前从未以这种方式被写下的和弦之间的关系——都是一个永恒客体。当然这是桑塔亚那(Santayana)的主张,怀特海大体同意他的观点(*Process and Reality*,pp. 198—9)。现在,一旦永恒客体的理论被承认,照这种方法把它扩展到极端似乎就是顺理成章的。对这个问题的古典讨论是在柏拉图的《巴门尼德篇》中。巴门尼德问,有正义、美和善的形式吗?苏格拉底说当然有。有人、火和水的形式吗?苏格拉底回答说,他不能肯定。有头发、泥土、粪便的形式吗?苏格拉底说,当然没有。虽然他承认,这个否定把他置于他不能摆脱的困境中。这段话的意思足够清楚:某些事物必须被看作宇宙过程的永恒的先决条件;其他的可以被看作是它的产物,或许只能作为它的产物;其余的事物仅仅是它的副产品,它们本身不是必然的和可理解的,但只有作为一个创造过程中的偶然事件,它们才是可理解的(只要它们确实可理解),而这个创造过程的真实产物在别处。亚历山大会把所有这类东西都看作是产物,怀特海则会把它们都当作先决条件。当苏格拉底试着去采纳怀特海的观点时,如他所说他被迫退却,因为怕落进一派胡言之中。他这话的意思当然不是说,把任何像永恒形式这样严肃庄重的东西归之于任何像粪便那样如此低劣和使人不快的东西会令人厌恶;他是说,一个自身包括了自然中每个经验细节之形式的永恒形式的世界,就
172 只能是那些已被转变为固定概念的自然细节的一个废旧杂物间,而且,被如此看待的形式世界(而不是解释自然过程的形式世界),就只是遗漏了过程的这些过程本身的复制品。

只有一种办法能避免这种荒谬的结论。比如说,如果能够表明善的形式本身——撇开自然中任何时间性过程——蕴含了作为其逻辑结果的动物的形式,如果能够表明这个动物的形式本身蕴

含了排泄物的形式，那么就可以说，这些东西的形式是存在的，在它们的逻辑联系和逻辑从属中，它们的确帮助解释自然的过程。换句话说，问题的核心就在于永恒客体的世界或本质的王国是如何自我组织的。柏拉图当然看到这一点，黑格尔也看出来了。但如果你要走这个路线，即怀特海似乎走了、桑塔亚那肯定走了的那个路线，你就会使自己（像黑格尔那样）背上可怕的重负，即要从某种绝对的第一原则中逻辑地推断出在世界上发现的每一个经验的质，要么你就放弃严肃对待永恒客体理论的努力。一味地坚持天空眼下具有这种独特的蓝色是因为它分有（如柏拉图所说的）了那种深浅的蓝色的形式，或者照怀特海的说法，是因为那种深浅蓝色成了在我们看着天空这个当下机缘里的一个永恒客体，这样做得不到任何东西。这样说的时候，你是在求助于形式世界或永恒客体世界的概念，把它们作为自然过程的来源或基础，但你还必须继续对这个世界给出解释，说明为什么那种深浅的蓝色出现在它之中。

对此要求，桑塔亚那是有现成答案的，但我认为这个答案不会吸引怀特海。如果我要求桑塔亚那说明，这种深浅的蓝色如何是一个为他的本质王国的普遍概念所逻辑蕴涵的本质，他的回答是，“本质不可能有蕴涵”，“蕴涵是某种人类言语施加在本质之上的东西，本质不依靠逻辑而是依靠存在的偶发性”（*Realm of Essence*, p. 81）。因此，在他看来，每一本质都是完全独立自主和原子性的，本质的王国不过就是一个细节的集合或无结构的汇聚。除非我大错特错，这就是苏格拉底如此急于避免的那一派胡言；显 173
然它不可能吸引像怀特海这样的一个数学家，他所接受的训练

主要就是掌握本质所蕴涵的东西。但我不知道怀特海怎样回答这个问题。

怀特海似乎没有解决的第二个主要问题，是有关自然的创造过程的问题。进化论者像洛伊德·摩根、亚历山大或者斯玛茨将军，都相信这个过程经过几个明确的阶段：有一个时期，这个行星上不存在有机生命，后来在一个无机的物理化学基础上，通过创造性过程自身的努力，有机生命出现了。但这看起来并不是怀特海的观点。在《自然与生命》中，他不是把无机的自然视为曾经独自存在并仍然作为生命的环境而存在的实在的东西，而是作为一个抽象，即撇开到处弥漫在自然中的生命因素来设想的自然本身。他问我们，生命意味着什么，并用自我享受、创造性活动和目的这三个标志来定义它。他接着论证说，尽管物理科学为了自己完全合法的目的而忽略这三个标志，但它们的确存在于所谓的无机世界里。在我看来，这种说法与其说解决了问题倒不如说避开了问题。有一些类型的过程只出现在有生命的事物中而不出现在别处。怀特海的三个标志在我看来并没有对它们进行充足的说明，他所做的，是通过把"生命"这个术语的含义局限于某种的确属于生命，但却不是它的种差而只是生命和物质共同的种的东西，来回避困难。结果，通过称物质只是一个抽象，他倒退到他一直想努力避免的主观主义中去。在这个结论中不无真理的成分，但要使它令人满意还需要做更多的工作。我们必须问，如果物质仅仅是一个抽象，那么究竟是自然中的什么实际事实迫使我们造出这个抽象？

同样的困难也出现在与心灵的关联中。心灵特有的标志是它

认识并理解实在。怀特海却说，这也像生命的特征一样，不是前所
未有的。每一样东西都享有他所说的“领悟”(prehensions)，也就
是，以某种方式把它之外的东西吸收进自己的存在中。一粒锉屑
领悟它所置身于其中的磁场，也就是，它把磁场转化为它自己行为 174
的模式，响应磁场；一棵植物领悟阳光，如此等等。我们通常称为“心灵”的东西的独特性，在于它们能理解一种任何较低类型的有机体都不能理解的事物品级，即命题。这里，在怀特海的观点中又一次有着深刻而重要的真理。他拒绝把心灵视作某种与自然完全不同的东西；他坚持，我们在人类这里所认识到的心灵是某种这样的东西，它通过发展属于一般生命的功能，甚至通过发展属于无机世界的功能，而成其所是——所有这些主张都是值得赞赏的。但是如同在生命问题上一样，他再一次陷入进退维谷的境地。要么心灵归根结底与这些初级的领悟相同，在这种情况下，没有创造性的增进，而生命只是心灵的抽象，正如物质是心灵的抽象一样；要么心灵也是某种真实新的东西，在这种情况下，我们必须解释它与它所出自的东西的关系。看来怀特海又一次没有发现他的困境。还没有人比他更鲜明地意识到并描述过贯穿在自然界中的相似性和基本的连续性，从电子、质子和其他最初步的形式，到人类精神生活中为我们所知的最高级的发展形式。但是，当我们问他这一系列的形式是否代表了在时间中真实发展的一个系列时，他似乎对他的回答拿不准；并且，如果我们继续追问一种形式与下一种形式之间联系的确切本性时，他只能坚持说，所有这样的联系总的来说是由作为世界本身的创造性过程形成的，除此以外，他没有别的回答。

三　结论:从自然到历史

由于我的无知和懒惰,在本书中,我实际上并没有追溯从早期希腊到今天的自然观念的全部历史,只是回顾了与自然观念史上三个时期有关的若干问题。比起其他问题,我恰巧对它们不那么无知。在到达了某种结尾的时候,我必须提出一个警告和一个问题。这个警告是:结尾并不是结论。黑格尔在他关于历史哲学的
175 论述的最后写道:“以上所述已尽意识目前之所及”,他视自己的哲学为哲学之终极的谎言,就被预先戳穿了。与此类似,我现在必须说:“以上所述已尽科学目前之所及”。我所说的一切,仅仅是截至今日的自然观念史的一个暂时的报告。我要是知道将来会有什么进一步的进展的话,那我就已经取得那些进展了。正因为不知道它将是什么类型的进展,我也完全不知道它是否能取得这些进展。我没有保证,自然科学的精神是否能承受得住正从四面八方向人类的理性生活袭来的攻击。

我要提的问题是:“从此处我们走向何方?从我对亚历山大和怀特海的结论提出的有点胆怯的批评中,有什么建设性的建议产生出来?”我将努力做出回答。

贯穿欧洲思想的悠久传统始终,尽管不是每个人,但却是大多数人,或者至少那些已证明有权发表意见的人中的大多数都认为,虽然自然是一个确实存在的东西,但它不是一个本身存在或凭自己的资格而存在的东西,它的存在依赖某种别的东西。我这样说的意思是,被看作是人类思想的一个部门或一种形式的自然科学,

是一个营业发达的商行，能够产生自己的问题并用自己的方法解决问题，运用它自己的标准去批判它所提出的解决办法。换句话说，自然科学不是连篇的幻想或捏造，不是神话或同语反复，而是对真理的探求，一种并非徒劳无益的探求。但是，自然科学并不是像实证主义者想象的那样，是可以说出来的人类思想的唯一部门或唯一形式。它甚至不是一个自主和自足的思想形式，相反，它的存在依赖于与它不同、且不能还原为它的某些别的思想形式。

我想这样的时候已经到了：我们应该追问这种别的思想形式是什么，并努力去理解它，理解它的方法、它的目标和它的对象，理解的充分程度应该与怀特海、亚历山大这些人对自然科学的方法和目标以及作为自然科学之对象的自然界的理解不相上下。我并不认为，通过采用这些大哲学家的方法，从他们的出发点起步，再 176
做一遍他们的工作并做得更好——通过这条也许可以称作捷径的方式，就能够消除我在他们的哲学中似乎已经找到的缺陷。我甚至认为，从他们本身的出发点开始并采用更好的方法，也不能消除那些缺陷。我认为这些缺陷正是由它们起点中的某些东西造成的。我觉得，那个起点就带有某种实证主义的残迹。它包含了这样的假定，即一个宇宙论哲学的唯一任务就是反思自然科学能够告诉我们的有关自然的东西，似乎当一个哲学家在努力回答自然是什么的问题时，自然科学是他应该考虑的唯一的思想形式（我不说唯一有效的思想形式）。但是我提请注意，如果自然是一个其存在依赖某种别的事物的事物，那么当我们试图理解自然是什么的时候，这种依赖就必须被考虑进去；如果自然科学是一种其存在依赖某种别的思想形式的思想形式，那么，我们若不考虑它所依赖的

思想形式，我们就不可能充分地反思自然科学所告诉我们的东西。

这种别的思想形式是什么呢？我的回答是，“历史”。

自然科学(我暂时假定实证主义对它的解释至少就目前的情况而论是正确的)由事实和理论组成。一个科学的事实是自然界的一个事件，一个科学的理论是关于那个事件的一个假说，更多的事件对它进行证实或否证。自然界中的一个事件只有在它被观察到的条件下，对自然科学家才是重要的。“事件已经发生这个事实”是自然科学词汇表中的一个词组，其意思是“事件已被观察到这个事实”，这就是说，被有人在某个时刻在某种条件下观察到了。观察者必须是一个可信赖的观察者，观察的条件必须是允许可信赖的观察活动进行的条件。最后但不是最不重要的，观察者必须以使他观察到的知识成为公共财富的方式记录下他的观察。一个科学家想知道这样一个事件是否在自然界中发生过，他就只需查考由观察者留下的记录并解释它，而且遵从某些规则来说服他自己相信，那个工作被记录下来的人的确观察到了他声称已经观察

177 到的东西。对记录的这种查考和阐释是历史工作的特征。每个科学家，当他说牛顿观察到阳光在三棱镜下的效果、亚当斯(Adams)发现海王星、巴斯德(Pasteur)观察到葡萄汁受升高到一定温度的空气的影响不会发酵，这时候，他是在谈论历史。那些首先被牛顿、亚当斯和巴斯德观察到的事实，从那以后被其他人所观察。但是，当任何一个科学家说光被三棱镜折射、海王星存在，或者一定的温度能防止发酵时，他依然在谈论历史。他谈论的是一类历史事实的整体，这些历史事实是人们进行这些观察的机缘。因此，一个“科学的事实”是一类历史事实，一个人除非对历史理论有足够

的理解，从而理解什么是一个历史事实，否则他就不能理解什么是一个科学事实。

理论也是如此。一个科学理论不仅以某些历史事实为基础，并被某些其他的历史事实所证实或否证，它本身也是一个历史事实，是这样的事实，即有人已经提出了或接受了、证实了或否证了这个理论。比如说，如果我们想知道古典的万有引力理论是什么，我们就必须查阅牛顿的思想记录并解释它们，而这就是历史的研究。

我的结论是：作为一种思想形式的自然科学，存在于且一直存在于一个历史的语境之中，并且其存在依赖于历史思想。由此我斗胆推断，一个人除非理解历史，否则他就不能理解自然科学；除非他知道历史是什么，否则就不能回答自然是什么这个问题。这是一个怀特海和亚历山大都不曾问过的问题。这也是为什么我对“我们从此处走向何方”这个问题要这样回答的原因：“我们从自然的观念走向历史的观念”。

索　　引

（以词项汉语拼音为序，页码为本书边码）

A

B

C

D

E

F

G

H

J

K

L

M

N

O

P

Q

R

S

T

W

[1] 原书列有此项，但在该页查无此人。——译者注

X

Y

Z

译后记

柯林武德去世后，其生前好友诺克斯为他编辑出版了两部遗著，一是《历史的观念》，再就是这本《自然的观念》。

《历史的观念》出版后，很快成为一本历史哲学名著，“一切历史都是思想史”、“现今的思想是对过去思想的重演”等名言因此不胫而走。相比而言，《自然的观念》有点生不逢时。作为一本出自名家之手的自然哲学和自然哲学史的著作，本书没有受到英美哲学界应有的重视，原因是，本书出版的时候自然哲学已经在英美哲学界严重式微。取代自然哲学的学科是科学哲学。以逻辑实证主义为主导的英美科学哲学拒斥以自然为研究对象的哲学（自然哲学或形而上学），认为那是一种僭越，而把研究科学理论的结构、科学发现的逻辑等科学认识论和科学方法论作为自己的恰当课题。他们相信，自然科学的迅速发展已经使自然哲学成为不可能，而科学哲学的兴起又使自然哲学成为不必要。对自然哲学的拒斥，包含着自然科学对理解自然的一种科学主义的垄断，其潜台词是科学对于其母学科哲学的决裂。柯林武德写作本书时，也是有感于19世纪后期以来科学与哲学的日渐疏远，希望从中搭桥，重建两大思想部门的联系。由于上述原因，在英美哲学界，柯林武德的搭

桥行为，包括他所推崇的亚历山大、怀德海等人的工作，都没得到应有的重视。今天，自然科学独自孤身的发展已经引起了非常严重的问题，重建与其他思想部门的联系已成当务之急，再读柯林武德的这本书，有着独特的意义。

柯林武德的“自然的观念”中最基本的观念是：自然并不是一个独立自足的东西；它的存在依赖别的东西。因此，“自然科学并不是像实证主义者想象的那样，是可以说出来的人类思想的唯一部门或唯一形式。它甚至不是一个自主和自足的思想形式，相反，它的存在依赖于与它不同、且不能还原为它的某些别的思想形式。”（本书“结论”部分）因此，理解自然的观念，不能仅限于就自然科学的自然观来理解，相反，在特定时期自然科学采纳特定的自然观的原因，要在自然科学之外的思想部门和思想形式中去寻求。柯林武德把西方自然哲学的历史分成三个时期，每个时期都有一个占主导地位的自然观，而每一个自然观都建立在一个类比之上。希腊自然观是有机自然观，它基于自然（大宇宙）与人类个体（小宇宙）之间的类比。文艺复兴的自然观是机械自然观，它基于上帝创世与工匠制造机器之间的类比。现代自然观是进化自然观，它基于自然过程与历史过程之间的类比。为了深入地理解各个时期的自然观，我们就需要研究使得“类比”成为可能的其他人类思想：基于内省的对人本身的认识的希腊哲学、基督教的创世观念以及普遍使用机械的社会经验、以发展演化为主要范畴的现代历史哲学等等。柯林武德把西方自然哲学史融入西方思想史之中的写作方式，为我们今天全面理解科学提供了一个宏阔的视野和杰出的

范例。

值得提出的是，柯林武德的这本书只是一个纲要，而且各部分的比例很不均衡，因而实际上不能看成是一部完善的西方自然哲学史。他讲希腊的部分占了全书近一半的篇幅，而讲文艺复兴的机械自然观只有不到四分之一的篇幅。很显然，人们最为关心的近代科学的自然观的起源和变迁都处在这一部分，但柯林武德写得太过简略。近代自然哲学史上非常重要的德国自然哲学，特别是其中的代表人物谢林和歌德，柯林武德也没有提到。他花了比较多精力去阐述的现代进化自然观，从整体上讲具有相当的洞察力，但在细节上，他的许多思想还没有经受科学实际发展的考验而成为共识。按照我的看法，今天的科学处在一个多元并存的局面，机械论的、还原论的、探索简单性的科学研究纲领，与有机论的、进化论的、探索复杂性的科学研究纲领同时大显身手、互不相让，自然观的整体性转换并未完成。但是，柯林武德所展示的新自然观的确已露头角，而且在复杂性科学、系统性科学、混沌学、生态科学等新学科中成为主导的哲学原则。

尽管作为一部自然哲学著作它没有在英美哲学界引起应有的反响，但是作为一部思想史著作，《自然的观念》为后来科学史中的思想史学派提供了示范。它的深厚精湛的西学背景、它的清晰的概念演变线索，都堪为学习西方科学思想史的入门必读。它比较简略的近代自然观部分，已经由后来的科学思想史家补充了大量的研究著作，成为经典的“科学革命”主题。

这个译本曾经于 2006 年由北大出版社出版。本次交由商务印书馆重出，只改正了个别字句。谢谢李婷婷博士的悉心编辑，使这个版本更臻完善。翻译无止境。希望读者方家不吝指正，以便将来更有改进。

吴国盛

2017 年 2 月 16 日

于清华荷清苑

图书在版编目(CIP)数据

自然的观念/(英)R. G. 柯林武德著;吴国盛译. —
北京:商务印书馆,2017
(汉译世界学术名著丛书:120 年纪念版:珍藏本)
ISBN 978-7-100-14776-7

Ⅰ.①自… Ⅱ.①R… ②吴… Ⅲ.①自然哲学—世
界 Ⅳ.①N031

中国版本图书馆 CIP 数据核字(2017)第 160888 号

汉译世界学术名著丛书
(120 年纪念版·珍藏本)
自 然 的 观 念
〔英〕R. G. 柯林武德 著
吴国盛 译

商 务 印 书 馆 出 版
(北京王府井大街 36 号 邮政编码 100710)
商 务 印 书 馆 发 行
北京市松源印刷有限公司印刷
ISBN 978-7-100-14776-7

2017 年 12 月第 1 版 开本 710×1000 1/16
2017 年 12 月北京第 1 次印刷 印张 15
定价:75.00 元